Sabine Schröder

SYSTEMISCHE SEELSORGE PRAKTISCH

Sabine Schröder

Systemische Seelsorge praktisch

Im Spannungsfeld zwischen sichtbarer und unsichtbarer Wirklichkeit

francke

Über die Autorin:
Dr. Sabine Schröder ist Theologin, systemische Seelsorgerin, Coachin und Traumatherapeutin (HP) in Berlin. Die frühere Lehrerin schreibt Artikel, Schul- und Fachbücher, hält Seminare und bietet pferdegestützte Führungskräfte- und Mentaltrainings an.

Bibliografische Information Der Deutschen Bibliothek
Die Deutsche Bibliothek verzeichnet diese Publikation in der Deutschen Nationalbibliografie; detaillierte bibliografische Daten sind im Internet über http://dnb.ddb.de abrufbar.

ISBN 978-3-86827-541-4

35037 Marburg an der Lahn
Umschlagbild: © dreamstime.com / madartists
Umschlaggestaltung: Verlag der Francke-Buchhandlung GmbH / Christian Heinritz
Satz: Verlag der Francke-Buchhandlung GmbH
Printed in Czech Republic

www.francke-buch.de

Inhalt

Meine persönliche seelsorgliche Brille

Noch ein Buch über Seelsorge, warum eigentlich? Und wieso mit hypno-systemischen und lösungsfokussiert orientierten Ansätzen?

Bevor Sie dieses Buch aufschlagen und lesen, ist es gut, wenn Sie ein bisschen mehr über meinen Hintergrund erfahren, denn nur so lässt sich der Fokus dieses Buches erklären.

Meine biografischen, theologischen, seelsorglichen und psychologischen Wurzeln sind sehr vielschichtig und so habe ich im Laufe der Jahre eine Reihe von unterschiedlichen Ansätzen durchdacht.

Gott bekennt und zeigt sich in dem Gewordensein seiner Geschöpfe, davon bin ich inzwischen fest überzeugt. Doch das war nicht immer so. Geboren Mitte der Sechzigerjahre bin ich ein Kind der Null-Bock-Generation, der Generation Golf, der Generation Kriegsenkel und gehöre zu einem der letzten Jahrgänge vor dem Pillenknick mit Westbiografie. Groß geworden bin ich in den großkirchlichen evangelischen Traditionen, verbunden mit einer gut funktionierenden CVJM-Arbeit, in der ich im Teenageralter zu einer bekennenden Christin wurde. Während meiner beiden Studiengänge Lehramt für die Fächer Chemie und Religion sowie Theologie wurde ich das erste Mal mit dem Spagat zwischen liberaleren und konservativen Ansichten konfrontiert. Es folgte eine Lehrerlaufbahn an neun verschiedenen Schulen und Schulformen in West- und Ostdeutschland. Ein Oberstufengymnasium, zwei Gymnasien, eine Gesamtschule, zwei Haupt- und Realschulen, zwei Grundschulen sowie eine christliche Privatschule gehören über ein gutes Jahrzehnt hinweg zu meiner Sammlung. Ich habe an liberalen hessischen Schulen, an einer konservativ geführten Privatschule und in Mecklenburg mit nahezu 80 Prozent konfessionsloser Bevölkerung Religion unterrichtet. Ich bin mehr als ein Dutzend Mal umgezogen und war an den verschiedenen Orten Mitglied oder Gast in zahlreichen unterschiedlichen Kirchen und Freikirchen. Zwei habe ich mitgegründet – natürlich auch unterschiedlicher Konfession.

Nach all dem stieg ich aufgrund einer schweren beruflichen Krise aus dem Lehramt aus, nicht zuletzt auch deshalb, weil ich zwar gut mit Gruppen arbeiten kann, meine Kompetenz mit Einzelpersonen aber genauso stark ausgeprägt ist. Das ist im schulischen Alltag nicht gut umsetzbar, ohne dass alle anderen Schüler über Tische und Bänke gehen. Über den Umweg eines Verlags wurde ich überzeugte Freiberuflerin in meiner eigenen Praxis für Seelsorge, Therapie, Supervision und Coaching. Derzeit erweitere ich das Angebot um pferdegestütztes Coaching, Führungskräftetraining und Teambuilding.

Meine Weiterbildung im Beratungssegment begann methodenplural bei der Bildungsinitiative, d.h. ich hatte zunächst Ausbilder, die vor allem in der Verhaltenstherapie beheimatet sind und andere Ansätze, wie die Logotherapie, die Gesprächspsychotherapie, die systemische Therapie oder die Individualpsychologie, damit vereinbarten. Gerade mein theologisches und seelsorgliches Denken wurde hier stark beeinflusst und findet in diesem Buch auch seinen Niederschlag.

Durch meine Supervisorin Lydia Hantke und das Institut Berlin kam ich nahezu zeitgleich in Berührung mit deren tiefenpsychologisch-hypno-systemischem Ansatz, der mich seither in meiner Arbeit enorm geprägt und auch meine seelsorglich-theologische Sicht verändert hat. Es schlossen sich Ausbildungen zum systemischen Coach und Weiterbildungen im traumatherapeutischen Bereich an. Natürlich hat mich dabei auch mein therapeutischer Schwerpunkt „Trauma“ sehr in meiner Wahrnehmung beeinflusst. Gerade bei glaubenden Menschen mit Komplextrauma wird ihr Gottesbild und Glaubensleben sehr in Mitleidenschaft gezogen und bildet eine große Herausforderung im therapeutischen Kontext. Meine eigenen durchlebten Krisen sowie die tiefen Krisen meiner Klienten lassen meinen Glauben nicht unberührt und haben ihn vertieft, aber auch verändert. Immer wieder wird meine Beziehung zu Gott hinterfragt, denn meine Klienten halten viele leidvolle Dinge aus und wollen häufig ihren Glauben behalten oder wiederfinden.

Das alles gehört zu meinem Gewordensein und dies alles fließt in dieses Seelsorgebuch mit ein. Es ist nur von diesem Hintergrund her verständlich und es beleuchtet Zusammenhänge mit dieser meiner Brille.

Ich wünsche Ihnen mit diesem Buch viel Gewinn für sich selbst und für die Ratsuchenden, die mit Ihnen um ihren Glauben ringen.

Einige kurze Anmerkungen:

Ich benutze aufgrund der Leserlichkeit grundsätzlich die männliche Form für SeelsorgerInnen, KlientInnen und Ratsuchende. Die weiblichen LeserInnen sind grundsätzlich mit eingeschlossen.

Alle Beispiele sind verallgemeinert oder mit dem jeweiligen Klienten abgesprochen und anonymisiert.

Los geht's: Eine inhaltliche Einleitung

Noch einmal ein kurzer Blick zurück in den Flur.

„Tschüss, mein Süßer, bis später."

Die Augen meines Katers sind voller Empörung. Schon wieder gehe ich weg in dieses unbekannte Reich hinter der Tür, ohne auch nur daran zu denken, ihn mitzunehmen. Wohnungskatzen haben es wirklich schwer! Denn hinter dieser Tür warten jede Menge Ressourcen, die erkundet und erorbert werden wollen: neue Räume, Gerüche, Abenteuer, Verstecke, Spiel- und Spaßmöglichkeiten, Begegnungen und anderes mehr. Die Welt meiner Katzen ist begrenzt, hinter der Wohnungstür ist Schluss – meistens jedenfalls. Sie kennen keine Züge oder Flugzeuge, sie wissen nicht, was Hunde oder Meerschweinchen sind oder wie ein Garten aussieht. Sie leben in ihrem System: Schwester, Bruder, Frauchen und manchmal auch mit Besuch.

Doch ihr kleines Revier ist von einem viel größeren System umgeben, das sie nur erahnen können. Wollte ich ihnen das erklären, müsste ich die Katzensprache lernen oder besser noch: Katze werden. Trotzdem: Wie erklärt eine Katze einer anderen, was ein Flugzeug ist? Ein schwieriges Unterfangen! Wie erzählt sie davon, dass unser Haus in einem Stadtbezirk liegt, der zu Berlin gehört, Berlin wiederum zu Deutschland, zu Europa, zur Erde, zum Sonnensystem, zum Kosmos? Doch das ist noch nicht alles! Denn die Rede ist immer noch von dem großen System der sichtbaren Welt.

Auch wenn der Vergleich etwas hinken mag – unser sichtbarer Kosmos hat eine „Wohnungstür", hinter der sich das gewaltige System der unsichtbaren Welt für uns verbirgt. Wir erahnen unendliche Ressourcen, die unerschöpflich sind, doch wenn wir manchmal einen Blick auf die andere Seite der Tür werfen dürfen, können wir nicht beschreiben, was wir gesehen haben. Bilder in manchen prophetischen Büchern der Bibel oder in der

Offenbarung machen deutlich, dass wir für die Wirklichkeit der unsichtbaren Welt keine Worte finden. Es musste jemand aus eben dieser unsichtbaren Wirklichkeit in unser System kommen, der uns etwas von dem erklärt, was sich hinter dieser Tür befindet: Genau dazu ist Jesus Mensch geworden.

Wenn von einer systemischen Seelsorge die Rede ist, dann geht es darum, seelsorgliches Reden und Handeln in Beziehung zu setzen zu den Systemen, in denen wir leben. Dabei ist jedes System in einen größeren Kontext, in seine Umwelt, eingebettet. Der größte Kontext für das gesamte System der sichtbaren Welt ist die unsichtbare Welt, die wie eine Folie den Hintergrund für alles bildet, was existiert. Das In- und Miteinander von sichtbarer und unsichtbarer Welt, die immanente und die transzendente Komponente also, entfaltet den Spannungsbogen, innerhalb dessen Seelsorge geschieht.

Dieser Spannungsbogen findet sich z.B. als eines der Hauptthemen des Hebräerbriefs, der in der „Ouvertüre", d.h. in den ersten vier Versen dieses Briefes bereits angerissen wird:

> *„Nachdem Gott vorzeiten vielfach und auf vielerlei Weise geredet hat zu den Vätern durch die Propheten, hat er in diesen letzten Tagen zu uns geredet durch den Sohn, den er eingesetzt hat zum Erben über alles, durch den er auch die Welt gemacht hat. Er ist der Abglanz seiner Herrlichkeit und das Ebenbild seines Wesens und trägt alle Dinge mit seinem kräftigen Wort und hat vollbracht die Reinigung von den Sünden und hat sich gesetzt zur Rechten der Majestät in der Höhe und ist so viel höher geworden als die Engel, wie der Name, den er ererbt hat, höher ist als ihr Name."* (Hebr 1,1–4)

Diese Ouvertüre besteht aus zwei Hauptthemen. Zunächst beschäftigt sich der Verfasser damit, dass unsere Endlichkeit mit der Ewigkeit zeitlich verschränkt ist. Jesus Christus ist der, der zu Beginn unserer Zeit die Welten gemacht hat, und derselbe, der am Ende der Zeiten alles erben wird. *Alles*, das bedeutet das Komplettpaket, also auch Sie und mich. Gott redet nicht durch einen neuen Propheten, der in Raum und Zeit gefangen ist, sondern durch seinen Sohn, der schon vor unserer Zeitrechnung da war, jetzt da ist und auch nach unserer Zeitrechnung immer noch da sein wird. Der bedrängte Christ hört: Gott hat seit jeher auf äußerst kreative Weise zu den Menschen geredet, aber jetzt redet er durch seinen Sohn. Ewigkeit bricht in unsere Zeit ein und setzt ihr doch Grenzen, indem sie sie umfängt.

Das zweite Hauptthema spannt den Raum auf, in dem Gott den Menschen begegnet. Jesus Christus tritt aus der unsichtbaren Welt in die sichtbare Welt, um uns aus der sichtbaren Welt in der unsichtbaren Welt zu verankern. Zunächst heißt es, dass Jesus Christus Abglanz oder Ausstrahlung von Gottes Herrlichkeit ist. Gott legt in seinen Sohn, der unsere sichtbare Welt betritt, seine ganze Herrlichkeit hinein. Das Wort Herrlichkeit könnte auch mit „Schwere" oder „Bedeutung" übersetzt werden. Der Sohn Gottes strahlt die ganze Bedeutung, die ganze Schwere Gottes aus und zwar vollständig.

Wir finden dieses Wort in seiner Bedeutung übrigens auch in einer anderen Eltern-Kind-Beziehung, nämlich im 4. Gebot. Da heißt es, dass wir Vater und Mutter ehren sollen. Von der Wortbedeutung besagt das Gebot letztendlich, dass Vater und Mutter so viel Ehre bekommen sollen, wie sie in unserem Leben Bedeutung hatten bzw. uns heute bedeuten. Für die seelsorgliche Praxis kann das heißen, dass ein Ratsuchender, der z.B. in seiner Kindheit emotionalen Missbrauch erlebt hat, seinen Eltern nur die Bedeutung zuzumessen braucht, die sie in seinem Leben eingenommen haben. Und weil hier Eltern ihrer Verantwortung gegenüber ihrem Kind wenig gerecht geworden sind, sie also mit ihrem Kind kaum deckungsgleich sind, hat er die Freiheit, seinen Eltern auch jetzt weniger Bedeutung einzuräumen. Für Betroffene ist diese Auslegung eine große Entlastung, die ihnen jeglichen Druck nimmt. Bei Jesus ist die Beziehung zum Vater eine andere: Sie sind vollkommen eins und deshalb trägt er die vollkommene Schwere Gottes mit sich.

Jesus Christus ist daneben auch Ebenbild oder Abdruck von Gottes Wesen. Das Bild, das hier verwendet wird, ist das einer Totenmaske. Wenn jemand gestorben war, dann wurde das Gesicht eingefettet, sodass mithilfe einer dünnen Wachs- oder Gipsschicht ein negativer Abdruck genommen werden konnte.

Wenn man sorgfältig arbeitete, konnten so alle Gesichtsfurchen abgebildet werden. Das Gesicht des Toten wurde also sozusagen auf der Totenmaske eingefurcht. Und genauso ist das Wesen Gottes auf dem Gesicht von Jesus eingefurcht gewesen. Vor einigen Jahren war in der Zeitung zu lesen, dass der vermeintliche Kopf von Johann Sebastian Bach ausgegraben und mit einer Computertomografie vermessen wurde. Plötzlich war es möglich, anhand der Daten das Gesicht von Bach so abzubilden, wie es tatsächlich ausgesehen hat. Wenn man heute den Hebräerbrief modern übersetzen wollte, könnte es also heißen:

„Er ist der Abglanz seiner Herrlichkeit und die Computertomografie seines Wesens."

Jesus zeigt in der sichtbaren Welt den unsichtbaren Gott.

Obwohl das so ist, hat er sich um unsere Schuld gekümmert und ist danach wieder zu Gott in die himmlischen Welten zurückgekehrt. Der Hebräerbrief legt weniger die Betonung auf Kreuz und Auferstehung, als vielmehr auf das vollbrachte Werk, das durch die Himmelfahrt Jesu vollendet wird. Christus ist zu Gott zurückgekehrt und thront dort zu seiner Rechten. Dieses Zurückkehren in die unsichtbare Welt ist nicht nur eine einfache Rückreise. Nein, was hier nur wie in einer Ouvertüre angedeutet ist, wird an anderer Stelle im Brief deutlicher entfaltet: Mit uns ist dadurch etwas Entscheidendes passiert. Jesus Christus hat durch die Rückkehr ein „Es ist vollbracht" über unser Leben geschrieben und vertritt diese Wahrheit vehement in der himmlischen Welt. Wir sind bereits jetzt schon mit ihm aus der sichtbaren in die unsichtbare Welt versetzt und dort verankert worden. Ich erkläre das gerne so, dass über unserem Leben, über jedem einzelnen Tag der Satz „Es ist vollbracht" steht. Auch heute. Egal, was passiert, heute ist ein Tag, der unter dem Zeichen der Vergebung steht. Über meinem, über Ihrem Leben steht „Es ist vollbracht". Gott sieht uns jetzt ausschließlich durch seinen Sohn Jesus Christus hindurch an. Er sieht letztlich nicht mehr uns, sondern er sieht auf Jesus und der zeigt im himmlischen Heiligtum seine Hände und Füße und sagt: „Es ist alles in Ordnung, für sie und für ihn bin ich gestorben."

Dadurch, dass Jesus Christus zur Rechten Gottes sitzt und uns dort vertritt, sind wir dort verankert. Im 6. Kapitel des Hebräerbriefes heißt es:

> *Diese (Hoffnung) haben wir als einen sicheren und festen Anker unsrer Seele, der auch hineinreicht bis in das Innere hinter dem Vorhang.* (Hebr 6,19)

Unser Anker reicht in das himmlische Heiligtum, in die unsichtbare Welt hinein, dorthin, wo Gottes Thron steht. Wir wissen, dass jeder Anker eines Schiffes eine Ankerleine besitzt. Diese wird beim Ankern fünfmal so lang gelassen, wie das Gewässer an dieser Stelle tief ist. Das bedeutet, das Schiff kann sich ein gutes Stück vom eigentlichen Anker wegbewegen, bei Sturm wird es auch ein bisschen fester daran ziehen, aber das Schiff bleibt verankert. Genau so sind auch wir in der himmlischen Welt verankert in Jesus Christus.

Was hier durch diese beiden Hauptthemen angedeutet wird, zieht sich durch den gesamten Hebräerbrief: Die Ewigkeit umspannt Raum und Zeit und bricht, wann immer es Gott gefällt, durch sein Reden in sie ein. Sie ist nicht etwas, was irgendwann einmal sein wird, wenn wir gestorben sind, sondern sie ist jetzt! Immer wieder fordern uns die Bücher der Bibel auf, dieses Hier und Jetzt bewusst wahrzunehmen und darin zu leben.

Aus hypno-systemischer Sicht sprechen wir von der Fokussierung unserer Aufmerksamkeit. Die unsichtbare Welt ist die Folie, auf der wir unsere sichtbare Welt wahrnehmen. Jesus Christus ist aus dieser Welt in unseren Raum gekommen, um uns hier zu begegnen und uns mit hineinzunehmen in seine Welt – jetzt schon. Daraus erwächst eine große Freiheit, unser Leben in den Grenzen von Zeit und Raum zu leben.

Seelsorgliches Reden und Handeln sollte genau diese Spannung aufnehmen, dass Raum und Zeit uns zwar Orientierung geben, uns aber auch begrenzen, sodass wir nicht annähernd die volle Wirklichkeit erkennen können. Wir bleiben bei unserer eigenen Wirklichkeit stehen und es fällt uns schwer, die Wirklichkeit unseres Gegenübers wahrzunehmen und nachzuvollziehen. Darin besteht auch die Herausforderung, in die Seelsorger gestellt sind, und zugleich auch ihre Grenze. Wie viel schwerer gelingt es uns, etwas von der Wirklichkeit, die Gott sieht, wahrzunehmen. Doch gibt er uns genau darin frei, denn durch Jesus Christus steht das „Es ist vollbracht“ bereits über unserem Leben. In dieser Spannung, verhaftet zu sein in der eigenen Wirklichkeit und doch mit einer anderen Wirklichkeit zu rechnen, ohne letztlich Gott in die Karten schauen zu können, sollte sich Seelsorge in allen Fragestellungen bewegen, ohne dabei die Spannung aufzulösen. Zu einem Glauben in diesem Spannungsfeld lädt u.a. der Hebäerbrief ein und an ihm und an anderen Büchern der Bibel entlang entfalten sich die vorliegenden theologischen Erwägungen einer hypno-systemisch und lösungsfokussiert orientierten Seelsorge.

I.

Perspektiven systemisch-hypnotherapeutischer Seelsorge

1. Der Fokus des hypno-systemischen Ansatzes

„Keinesfalls lasse ich mich ohne mein Wissen, Denken und Wollen manipulieren!", so schloss eine Ratsuchende ihre E-Mail an mich ab, mit der sie meine Idee beantwortete, ihr Anliegen mit einem hypnotherapeutisch arbeitenden Therapeuten zu bearbeiten.

Wann immer ich in christlich orientierten Kreisen den Begriff „hypno-systemisch" in den Mund nehme, sehe ich bestenfalls interessierte Fragezeichen in den Gesichtern. Möglicherweise gehören Sie eher zu den Skeptikern und schlagen das Buch schnell zu und legen es zur Seite.

Bei der Sorge der zitierten Klientin wird für mich unabhängig von ihrem Ansatz eines sehr deutlich:

Seelsorger benötigen ein gutes Gespür, um sich an der Seite des Ratsuchenden Schritt für Schritt voranzutasten, sie sind Begleiter und Pacer, sozusagen die seelsorglichen Herzschrittmacher, die auf Augenhöhe ihre Fragekunst und ihre barmherzige Beziehung zu Gott anbieten, damit Veränderung geschehen kann.

Es wird also Zeit, mit einigen Missverständnissen aufzuräumen. Im Folgenden will ich darlegen, warum ich als Christ und als Seelsorgerin ein Fan des hypno-systemischen Ansatzes bin und warum er meines Erachtens im seelsorglichen Denken und Handeln zum hebräischen Denken passt. Ich werde Ihnen einige Grundbegriffe erläutern und Ihnen anhand der neurobiologischen Erkenntnisse verdeutlichen, welchen Gewinn der hypno-systemische Ansatz für die Seelsorge darstellt. Machen Sie es sich also gemütlich – wir legen los.

Unser Gehirn ist grob gesprochen dreigliederig unterteilt. In dem unteren Bereich befindet sich u.a. der Hirnstamm, in dem bei dem Säugling erste neuronale Netzwerke genau passend zu seinem Körper abgelegt werden. In dem mittleren Bereich, dem

Limbischen System, findet Erleben statt in Form von Bildern, Vorstellungen und Gefühlen, die das Erleben bewerten. Unser bewusstes Denken, unser Reflexionsvermögen, unsere Sprache und anderes mehr geschieht in der Großhirnrinde. Neurobiologen haben herausgefunden, dass in sicheren neutral erlebten Zeiten diese Gehirnareale miteinander verbunden sind und sich Ereignisse dadurch in unserem biografischen Gedächtnis ablegen, die grundsätzlich aus Denken, Handeln, Bildern, Fühlen und Körpergefühl bestehen und mit einem bestimmten Ort und Datum gespeichert werden. Kurz: Solange wir in Sicherheit sind, erleben wir alles immer ganzheitlich. Auf bestimmte Erlebnisinhalte achten wir einfach nicht, z.B. wie gerade unsere Atmung geht, wo im Körper wir gerade entspannt sind, mit welchen Fingern wir die Buchseite umblättern oder im E-Book vorwärtsscrollen. Der Mensch lässt sich nicht trennen in Einzelteile wie Körper, Seele und Geist, wie uns das die griechischen Denker beigebracht haben, sondern erlebt sich einheitlich.

Solange wir in Sicherheit sind, erleben wir alles immer ganzheitlich.

Dieser ganzheitliche Ansatz deckt sich mit dem hebräischen Denken, denn der Mensch wird da als Einheit gesehen:

> *Da machte Gott der Herr den Menschen aus Erde vom Acker und blies ihm den Odem des Lebens in seine Nase. Und so ward der Mensch eine lebendige Seele (sic).* (Gen 2,7)

Der Begriff „Näphäsch“ für Seele ist mit dem Bild der Kehle verwandt, die Kopf und Körper verbindet und durch die alles hindurchgeht, was den Menschen versorgt: Atem, Blut, Nahrung, Lymphe …

Sie ist daneben auch der Ausdruck des Menschen: Durch die Kehle dringt das Lachen, das warme Wort, der Wutanfall oder der Schrei um Hilfe nach draußen und somit ist sie zuständig dafür, Gefühle auszudrücken oder wohlformulierte Sätze weiterzugeben.

Die Kehle ist weiterhin das Organ, durch das Gott dem Menschen seinen Lebensodem einhaucht, ihn dadurch atmen lässt und ihm zugleich seine Bedürftigkeit Gott gegenüber deutlich macht. Versiegt Gottes Odem, hören wir auf zu atmen und sterben. Der Mensch als lebendige Seele ist neben seinen eigenen Ressourcen, die er als Geschöpf erhalten hat, auch einer, der bedürftig und abhängig ist von Gott. Die lebendige Seele, der Mensch, ist demnach sowohl auf die innerweltliche (immanente) als auch auf die unsichtbare (transzendente) Komponente angelegt.

So trennt sich beim Sterben nicht die Seele vom Körper, sondern das, was bei der Schöpfung zusammenkommt: Wie Gott das Material der sichtbaren Welt durch seinen Odem aus der unsichtbaren Welt zum Leben ruft, indem er jeweils seinem Gedanken an einen einzigartigen Menschen in Raum und Zeit seinen ganz eigenen Platz zuweist, so verlässt dieser Raum und Zeit und stirbt – ganzheitlich! Bei der Auferstehung wird aus dieser eine neue lebendige Seele mit Körper, Gefühlen und Gedanken.

Der hypno-systemische Ansatz beachtet in besonderer Weise die Dreigliedrigkeit des Gehirns, denn um Veränderungen anzubahnen, müssen neben dem denkenden oder willkürlichen Teil des Gehirns, der Großhirnrinde, auch der emotionale „bildernde" und der für die Körperinformationen zuständige Teil aktiviert werden. Deshalb setzt das hypno-systemische Modell daran an, die unwillkürlichen Prozesse, die stärker und schneller sind und mit Erleben und Körperempfinden zu tun haben, mit den willkürlichen Prozessen, der Reflexion und Kontrolle, so zusammenzubringen, dass neue Verknüpfungen im Gehirn gebahnt werden: Der Mensch denkt um. Dazu etwas später mehr.

Außerdem ist der hypno-systemische Ansatz ein integrativer, in dem das „Sowohl – als auch" im Vordergrund steht. Es geht um die Beobachtung, dass sich ungeliebte Verhaltensweisen nicht dadurch verändern, dass ein Mensch sie „wegmacht". Wenn jemand sich z.B. morgens beim Bibellesen nicht konzentrieren kann, wird es in der Regel nicht dadurch besser, dass er sich am nächsten Tag noch mehr Mühe gibt. Er sollte stattdessen zunächst den Anteil finden, der sich nicht konzentrieren will, und sich fragen, wozu das möglicherweise gut sein könnte oder was der gute Grund dieses Anteils für das unkonzentrierte Verhalten ist. Nehmen wir an, er findet heraus, dass er so darauf fokussiert ist, dass Gott zu ihm redet, und er das unbedingt mitbekommen möchte, damit sein Tag gelingt. Dadurch ist er sehr angespannt und atmet flach, sodass sein Körper ihm eindeutig signalisiert, dass er sich so nicht konzentrieren kann. In diesem Fall könnte die Lösung darin liegen, lockerzulassen, durchzuatmen und sich zu entspannen.

Das „Sowohl – als auch" nimmt den angespannten Teil wahr und ernst, ist für die Rückmeldung dankbar und führt eine Lösungsidee ein – in diesem Fall lässt ein Mensch wieder zu, dass ihm Gottes Reden zufällt.

Nicht immer liegt die Lösung für ein Problem also darin, dass wir aus der unsichtbaren Welt angefochten werden. Oft genug sind wir es selbst, die sich von den guten und helfenden Dingen abhalten.

Das Denken in „Sowohl – als auch" lässt auch unser schuldhaftes Sein stehen und versucht nicht, sündhaftes Verhalten auszuradieren. Es ermutigt uns stattdessen immer wieder, uns mithilfe der Kraft aus der unsichtbaren Welt zu verbinden und Einladungen zu nicht gewolltem Verhalten auszuschlagen, die uns von innen oder von außen erreichen. Damit bleibt die Möglichkeit bestehen, uns im nächsten Moment wieder fehlzuverhalten. Wenn uns beispielsweise unser Partner nervt, weil er nicht so ordentlich ist wie wir, wir dann immer ausrasten und uns danach wieder versöhnen, kann es im nächsten Moment dennoch wieder passieren – besonders wenn wir sehr auf Ordnung fokussiert sind und diese Art zu reagieren oft geübt haben.

Nicht immer liegt die Lösung für ein Problem darin, dass wir aus der unsichtbaren Welt angefochten werden.

Die Bibel beschreibt uns ebenfalls im „Sowohl – als auch", theologisch reden wir vom „Jetzt schon und noch nicht". Wir sind jetzt schon vollkommene Wesen in Gottes Augen und zugleich zu hundert Prozent sündhafte Menschen, die an Gottes Sinn für unser Leben vorbeigleiten. Wir bleiben auch als Glaubende Menschen, die zu allem fähig sind, zu dem Menschen fähig sein können – der Unterschied liegt einzig darin, dass wir erlöst sind. Das bedeutet, dass die bedürftige, abhängige Seele in Gott ein beständiges Gegenüber gefunden hat.

Aus dieser Beziehung bekommen wir die Kraft, den Einladungen von innen und von außen nicht zu folgen. Und wenn wir ihnen gefolgt sind, daran nicht zu verzweifeln, sondern an Gottes Hand wieder aufzustehen und neu anfangen zu dürfen.

Als Letztes findet sich diese Sicht von „Sowohl – als auch" auch darin wieder, dass wir die Spannungen, die sich durch die Lektüre der biblischen Bücher ergeben, aushalten können, statt sie auflösen zu müssen. Jesus ist z. B. ganz Mensch und ganz Gott – allein dieser Glaubenssatz lässt sich mit unserer Logik nicht erfassen. Im „Sowohl – als auch" ergibt er aber Sinn. Auch andere Spannungen sollten wir stehen lassen, denn nur darin wird etwas von der unsichtbaren Wirklichkeit für uns deutlicher (Teil II.2).

Die Sicht des „Sowohl – als auch" macht demnach hochgradig Sinn und ist eine wichtige Haltung im Umgang mit der Lebensvielfältigkeit, mit der es ein Seelsorger in seinem Wirken zu tun bekommt. Sie hilft, trotz der Widrigkeiten und des Leides Menschen darin zu unterstützen, zu glauben, zu hoffen und zu lieben. Unser Leben ist vieldeutig, im „Sowohl – als auch" hören wir auf, an den falschen Stellen zu kämpfen, und beginnen, uns mit dem eigenen Leben auszusöhnen.

2. Grundzüge des systemischen Ansatzes

Der systemische Ansatz beschreibt, dass Menschen sich innerhalb von sozialen Systemen bewegen, wobei die Mitglieder eines Systems miteinander in Wechselwirkung stehen und sich gegenseitig beeinflussen. Jedes System besitzt eine Systemgrenze und ist von einer oder mehreren Umwelten umgeben.

Das kleinste menschliche System ist der einzelne Mensch selbst, der sich in ganz verschiedenen Facetten, Seiten oder Ichs zeigen kann. Diese sind je nach dem Kontext, in dem er sich bewegt, stärker präsent oder er hat zu ihnen gerade keinen Zugang. Jeder Mensch hat kindlichere Ichs, jugendlichere oder erwachsenere Ichs, die bestimmte Kompetenzen aufweisen.

BEISPIEL:
Wenn Sie beispielsweise etwas vor einer Gruppe präsentieren sollen, was Sie in einem Team erarbeitet haben, dann hat eine erwachsene Seite in Ihnen die dazu nötigen Ressourcen zur Ausarbeitung gehabt. Möglicherweise merken Sie aber in dem Moment, in dem Sie zum Vortragen aufgefordert werden, wie Sie kleiner werden und sich jünger fühlen, als Sie tatsächlich sind. Gleichzeitig „vergessen" Sie, was Sie gerade erarbeitet haben und spüren eine Blockade im Kopf. Ein anderes, jüngeres Ich ist präsenter geworden, vermutlich weil Sie sich an den Kontext Schule erinnert fühlen. Schon werden die Verknüpfungen (Assoziationsmuster) im Gehirn wachgerufen, die mit dem Stichwort „Schule" assoziiert sind.

Dennoch ist das Erarbeitete ja nicht „weg", sondern Sie haben gerade keinen Zugang mehr dazu bzw. derzeit keine Beziehung zu dieser Seite von sich selbst.

So ärgern Sie sich über sich selbst und wechseln wiederum in ein anderes Ich, das sich eventuell jetzt älter anfühlt, als Sie tatsächlich sind, und Sie be- oder sogar verurteilt.

Wir stehen also immer als Erstes in Beziehung zu uns selbst und ein „Ich" geht mit anderen „Ichs" von uns in einer bestimmten Art und Weise um.

Von einem sozialen System wissen wir, dass es gegenüber seiner Umwelt autonom ist, das heißt, die Umwelt kann ein System nicht dazu bringen, sein inneres Erleben zu verändern, wenn es dieses nicht will. So kann ein Seelsorger einem Ratsuchenden nicht von außen den Rat geben, sich fröhlicher, befreiter oder erlöster zu fühlen, wenn der Klient das von innen heraus gar nicht will oder gerade keinen Zugang dazu hat. Deshalb ist es als Seelsorger wichtig zu fragen, statt zu raten, um Unterschiede im leidvollen Erleben herauszufinden und daran mit dem Ratsuchenden gemeinsam zu arbeiten.

Die Frage „Wann ist es etwas besser, wann bist du etwas fröhlicher und wie machst du das genau?" hilft dem Klienten dagegen, seine Ressourcen (wieder) zu entdecken und daraus seine eigenen Lösungsideen abzuleiten.

Neben dem Menschen an sich als System spielt das Herkunftsfamiliensystem in der Seelsorge eine wesentliche Rolle, weil wir alle dort besonders stabile Muster gelernt haben, z. B. welche Rollen wir häufig einnehmen, wie wir kommunizieren oder Konflikte lösen. Wichtig ist hier zu beachten, wie sich die Beziehungen unter den einzelnen Familienmitgliedern beschreiben lassen bzw. wie sie von dem Ratsuchenden beschrieben werden. Auch in diesem System treten die Mitglieder in Wechselwirkung miteinander und beeinflussen sich so gegenseitig. Das bedeutet, dass jede Veränderung im System bemerkt wird und sich jedes Mitglied dazu verhält bzw. seine Position ebenfalls verändert.

Neben den Zielen eines Ratsuchenden geht es auch immer um die Auswirkungen, die eine Veränderung mit sich bringt.

Da dieses Beziehungsgeflecht besonders stabil gelernt wird,

ist es sinnvoll, mögliche Veränderungswünsche eines Ratsuchenden auch innerhalb seiner Herkunftsfamilie zu überprüfen, auch wenn die Mitglieder schon verstorben sind oder der Klient seit Jahren ausgezogen ist. Denn neben den Zielen eines Ratsuchenden geht es auch immer um die Auswirkungen, die eine Veränderung mit sich bringt, und ob diese innerhalb des Systems Sinn machen oder ob der Preis der Veränderung dafür einfach zu hoch ist. Eine gute Überprüfung gelingt häufig mit einer Aufstellung auf einem Brett oder im Raum. (Teil III.9)

BEISPIEL:
Angenommen, ein Klient will lernen, alle Konflikte sofort und direkt anzusprechen. Das klingt zunächst nach einem sinnvollen Ziel. Betrachtet der Seelsorger gemeinsam mit dem Klienten nun zuerst seine Beziehungen innerhalb der Herkunftsfamilie, stellt er fest, dass in dieser Familie Konflikte durch Schweigen ausgesessen werden. Wenn er jetzt zusammen mit dem Klienten eine Aufstellung hinsichtlich des Veränderungswunsches vornehmen würde, könnte er eventuell feststellen, dass diese Veränderung die Beziehungen zueinander zu sehr belasten würde. Möglicherweise könnte der Kontakt zu dem einen oder anderen Familienmitglied ganz abreißen. Wenn das von dem Klienten nicht gewollt ist, dann gilt es jetzt, das Ziel so zu modifizieren, dass es auch angesichts des Herkunftsfamiliensystems für den Ratsuchenden machbar ist. Der Veränderungswunsch könnte z. B. lauten, bei Konflikten zu sich und zu seinen Gefühlen zu stehen und in günstigen Momenten zu versuchen, darüber ins Gespräch zu kommen.

Da die Mitglieder eines Systems in Wechselwirkung zueinander stehen und sich gegenseitig beeinflussen und ein System nach außen hin autonom ist, muss das Handeln der Systemelemente von außen betrachtet keinen Sinn ergeben; innersystemisch hat alles Erleben seinen guten Grund. Das gilt sowohl für den einzelnen Menschen als System als auch für Systeme, zu denen mehrere Personen gehören, z. B. Familien, eine Bürogemeinschaft oder eine Gemeinde.

BEISPIEL:
Angenommen, Sie beobachten jemanden, der ein Buch liest und plötzlich anfängt, mit seinem Fuß einen Takt auf den Boden zu klopfen. Sie hören aber weit und breit keine Musik. Es ist für Sie also nicht einsichtig, weshalb diese Person das tut. Erst wenn Sie fragen, erfahren Sie, dass in dem Buch eine Szene beschrieben ist, die ihn an eine stressige Situation erinnert. Diese Erinnerung hat in ihm Angst ausgelöst, sein Körper wollte am liebsten aufstehen und gehen. Aber weil er gerne im Buch weiterlesen wollte und deshalb sitzen blieb, reagierte sein Körper den Stress über das Taktklopfen des Fußes ab. Dies wiederum passiert ihm immer in ähnlichen Situationen.

Egal, ob in Familien, Firmen und anderen sozialen Systemen, die einzelnen Mitglieder stehen in Wechselwirkung zueinander und zu sich selbst und konstruieren so immer wieder gleiche Muster, die in ihrem System Sinn machen. Dabei entstehen interne Verabredungen, die von außen betrachtet nicht unbedingt verstanden werden können. Wichtig ist dieses Verständnis vor allem dann, wenn ein System ein Problem hat, denn in den meisten Fällen wird einem Mitglied dieses Problem allein zugeschrieben und es wird übersehen, dass dieses Problem zu einem innersystemischen problematischen Muster gehört. Da hat der Partner ein Alkoholproblem, ein Kind verweigert die Schule, die Großmutter leidet an einer schweren Depression. Alle Systemmitglieder sind aber Teil des Problems und wirken so „symptomerhaltend".

Sucht sich nun ein Mitglied Hilfe von außen, so entsteht auch zwischen diesen Partnern ein neues soziales System, z. B. zwischen einem Seelsorger und einem Ratsuchenden. Verändert der Klient sein Erleben, so bringt er einen Unterschied in sein Familiensystem ein, das problematische Muster ändert sich. Das muss allerdings nicht zwingend bedeuten, dass sich der Partner mit dem Alkoholproblem in eine Suchtklinik begibt, sondern kann auch heißen, dass er noch mehr trinkt oder die Familie verlässt oder anderes mehr. Sosehr sich eine Person verändert und diese Veränderung in ihr System einbringt – das Erleben einer anderen Person kann nicht von außen, sondern nur von innen heraus, also von der Person selbst, verändert werden.

Neben den Systemen und den Beziehungen der Mitglieder und ihrer Kommunikation untereinander geht es auch um die Kontexte oder Umwelten, in denen wir uns bewegen und die uns einladen, auf bestimmte Ressourcen zurückzugreifen und andere dagegen nicht parat zu haben. Solange wir die in dem jeweiligen Kontext nicht brauchen, ist das auch gar nicht schlimm. Beim Joggen müssen wir nicht Auto fahren können oder eine Bildschirmpräsentation vorführen. Wenn wir uns als kompetent in dem jeweiligen Kontext erleben, dann deshalb, weil wir auf unsere Ressourcen, die wir benötigen, zurückgreifen können. Ähnlich ist unsere Beziehungsgestaltung vom Kontext abhängig: So werden wir unsere besten Freunde anders begrüßen und anders mit ihnen sprechen als mit einem wildfremden Menschen oder mit dem Personalleiter einer möglichen neuen Arbeitsstelle. Wenn wir eine uns fremde Person dabei beobachten, wie sie eine gute Freundin begrüßt, beschreiben wir sie möglicherweise als warmherzig. Beobachten wir die gleiche Person bei der Begrüßung ihres neuen Chefs, würden wir vielleicht eher zu dem Schluss kommen, dass sie distanziert wirkt. Sie verhält sich also ihrem Kontext entsprechend und besitzt sowohl die Kompetenz der Warmherzigkeit als auch der kühlen Distanz – beide Ressourcen sind ihr zugänglich, aber sie setzt sie je nach Kontext unterschiedlich ein.

3. Ressourcenorientiert und lösungsfokussiert

Damit sind wir bei der Ressourcen- und Lösungsorientierung. Ich bin ein Kind der 1960er-Jahre und habe die Ölkrise 1973 hautnah mitbekommen. Staunend stand ich an unserem Flurfenster, von dem aus ich auf eine normalerweise viel befahrene Straße sehen konnte. Doch an diesem Sonntag war es ungewohnt ruhig. Kein Auto durfte fahren. Erdöl, so lernte ich damals, ist eine knappe Ressource, von der wir ziemlich abhängig sind. Später wurde mir bewusst, wie viele Gegenstände des täglichen Lebens wir derzeit immer noch aus Erdöl herstellen – es ist nach wie vor ein wesentlicher Ausgangsstoff, von der unser Lebensstandard abhängt.

Auch ein Mensch an sich hat zahlreiche Ressourcen. Das sind all die Dinge, die ihn in der Bewältigung seines Alltags unterstützen: Neben seiner Persönlichkeit, seinen erworbenen Fähigkeiten und Kompetenzen sind dies z. B. auch seine wirtschaftlichen Ressourcen, die Umstände, in denen er lebt, seine familiären und freundschaftlichen Beziehungen, sein weiteres soziales und berufliches Netzwerk, seine ethischen und religiösen Überzeugungen, seine Sicht der Welt und vieles mehr. Die meisten Ressourcen erwirbt er erst im Laufe des Lebens; zunächst einmal durch die Art und Weise, wie ihn seine Bezugspersonen in seinem enorm schnellen Wachstums- und Veränderungsprozess darin unterstützen, erfolgreich zu sein.

Ein Säugling erlebt sein Dasein in dieser Welt immer wieder als Krise, in der ihm nicht die Ressourcen zur Bewältigung seiner Aufgabe, z. B. nach etwas zu greifen, sofort zur Verfügung stehen (Teil IV.3.2). Er muss sich aufgrund seines enormen Wachstums ständig mit der Situation auseinandersetzen, dass er sich nicht versteht oder etwas nicht kann. Je besser er von außen in diesen krisenhaften Momenten unterstützt wird, desto mehr lernt er, sich wieder zu beruhigen und sich neue Ressourcen zu erarbeiten. Aufgrund dieses schnellen Veränderungsprozesses in den ersten Lebensjahren macht das kleine Kind die Grunderfahrung, jeden Tag ein bisschen mehr zu können als am Tag zuvor – eine Erfahrung, die zu einem Grundbedürfnis des Lebens wird: Wir wollen lernen, unsere Grenzen erweitern, autonomer werden – und jedes Mal, wenn das gelingt, fügen wir unserem Leben neue Ressourcen hinzu oder verfeinern diese.

Je besser die Bezugspersonen das kleine Kind darin unterstützt haben, sich seine Ressourcen zu erobern, desto leichter wird es dem Heranwachsenden mit der Zeit fallen, sich in den folgenden Entwicklungskrisen und anderen Arten von Krisen (Teil IV.3) weitere Ressourcen selbst zu erarbeiten. Wenn dies einem Menschen gut gelingt, dann erlebt er sich als sehr gestaltungs- oder handlungsfähig. Er entwickelt Lösungsideen, die ihn wegschauen lassen von seinem aktuellen Problem. Er hat das Gefühl, der Situation gewachsen zu sein, statt sich hilflos ausgeliefert zu fühlen. So bleibt er unabhängig von den Umständen und kann sich auf mögliche Auswege konzentrieren. Gelingt dies, erlebt er sich trotz Schwierigkeiten energiegeladen und zuversichtlich. Menschen, die in schweren Situationen Zugang zu ihren Ressourcen haben, sprechen von diesen als Herausforderungen, denen sie sich gewachsen fühlen.

Menschen, die in schweren Situationen Zugang zu ihren Ressourcen haben, sprechen von diesen als Herausforderungen, denen sie sich gewachsen fühlen.

Wenn Paulus schreibt:

> *Ich kann niedrig sein und kann hoch sein; mir ist alles und jedes vertraut: beides, satt sein und hungern, beides, Überfluss haben und Mangel leiden; ich vermag alles durch den, der mich mächtig macht.* (Phil 4,12–13)

dann lesen wir von einem Paulus, der sich unabhängig gemacht hat von den Umständen. In seinem Fall ist er unabhängig davon, ob er gerade viel oder wenig besitzt, ob er es sich gerade gut gehen lässt oder hungrig zu Bett gehen muss. Auch wenn es hier nicht steht: Das hat sich Paulus nicht durch theologisches Nachdenken erarbeitet, sondern dadurch, dass er Gott in solchen krisenhaften Situationen erlebt hat. Er weiß in einer Mangelzeit, dass Gott trotzdem in seiner unsichtbaren Welt eine verschwenderische Auswahl an Möglichkeiten hat, um ihm zu Hilfe zu kommen. Paulus' Ressourcen in seinem sehr unsicheren Lebensstil als Missionar sind vielmehr Dinge wie Gelassenheit, Vertrauen, Hoffnung, Zuversicht, eine feste Bindung zu Gott und die Bereitschaft, sich von ihm lieben und beschenken zu lassen, sowie ein großes Netz an Glaubenden und Gemeinden und eine Lebens- und Körperkraft, die ihm trotz aller Strapazen zur Verfügung stand. Sie finden sicher noch weitere Ressourcen, wenn Sie über den Text nachdenken.

Sollte Paulus doch in eine Krise geraten und den Kopf hängen lassen, könnte er ressourcenorientiert wieder so aufgerichtet werden, dass er erneut Zugang zu seinen Ressourcen findet.

BEISPIEL

Ein Seelsorger könnte ihn fragen:

„Sag mal, Paulus, wie hast du das eigentlich das letzte Mal geschafft, als du so wenig Geld hattest, aber noch so weit reisen musstest, um wieder nach Hause zu kommen?"

„Tja, das letzte Mal", sagt Paulus, „war in Korinth. Ich war gerade erst angekommen, und da ich mich noch nicht gut auskannte, wandte ich mich an andere Neuankömmlinge, Flüchtlinge aus Rom. Dabei traf ich Aquila, der hatte dasselbe Handwerk wie ich, und da er sich gut in meine Lage hineinversetzen konnte, durfte ich bei ihm arbeiten. So hatten wir unser Auskommen."

„Okay, Paulus, und wie genau hast du das gemacht, welche Fähigkeiten oder Ressourcen hast du genutzt, um diese Lösung zu finden?"

„Hm, schauen wir mal. Also zunächst habe ich mich daran erinnert, dass Gott uns nach Korinth gesandt hatte.

Es war seine Idee, also ging ich davon aus, dass alles gut werden würde. Ich war zuversichtlich, dass es eine Lösung geben würde. Dann überlegte ich mir, dass ich das Rad ja nicht neu erfinden muss. In der Stadt gab es jede Menge Flüchtlinge aus Rom, die gerade erst eine ähnliche Situation hinter sich hatten und für sich herausfinden mussten, wie sie in Korinth überleben konnten. Die musste ich suchen."

„Gut, ich höre, dass du auf der einen Seite deine Zuversicht zu Gott gestärkt und ihn daran erinnert hast, dich zu versorgen, und auf der anderen Seite eine gute Strategie entwickelt hast, wer dir am besten weiterhelfen könnte. Wenn du das jetzt auf deine heutige Situation überträgst, was könnte dir in deinem Problem ein erstes Stück weiterhelfen?"

Wir könnten Paulus und seinem Seelsorger sicher noch weiter neugierig zuhören, doch blenden wir uns jetzt aus dem Gespräch aus und wenden uns der Frage nach der Ressourcenorientierung wieder zu. Als Seelsorger unterstützen wir unsere Klienten darin, an ihre Ressourcen wieder anzuknüpfen bzw. sich neue zu erarbeiten, die ihnen in ihrem Problem helfen. Dabei setzen wir voraus, dass unser Klient immer schon die Ressourcen besitzt, die ihm weiterhelfen werden – und zwar seine eigenen Ressourcen. Denn es geht darum, dass sich der Ratsuchende selbst wieder als handlungs- und gestaltungsfähig erlebt und erste Lösungsideen zu seiner Lage entwickelt, die er auch gerade deshalb umsetzen kann, weil er dabei auf seine Ressourcen zurückgreift.

Wären Sie als Seelsorger auf die Idee gekommen, einen frisch angekommenen Missionar in Korinth ausgerechnet zu den Flüchtlingen der Stadt zu schicken? Paulus löst sein Problem mithilfe seiner Ressourcen und kann deshalb sagen: *„Ich vermag alles durch den, der mich mächtig macht."*

In der Zuversicht zu Gottes Wegweisung nach Korinth hat er Kontakt zu seinen Ressourcen und erlebt sich als gestaltungsfähig in der Ankunftssituation.

Je tiefer jemand in seinen Problemen feststeckt, umso sorgfältiger sollte ein Seelsorger mit seinem Klienten daran arbeiten, wieder in Kontakt zu den eigenen Ressourcen zu finden, um Lösungsideen für sich zu erarbeiten.

Die Lösungsorientierung in der Seelsorge führt dabei weg von den Problemen und hin zu möglichen Lösungen. Manchmal höre ich jemanden von einem lösungsorientierten Gespräch reden und stelle fest, dass er etwas anderes meint, als hier darunter verstanden wird. Mitunter meint jemand mit Lösungsorientierung, dass ein Klient mit einem Problem kommt und der Seelsorger sich dies nicht lange anhört, sondern Lösungsvorschläge unterbreitet, die der Klient nur noch ausführen muss. Unter lösungsorientierten Gesprächen nach Steve de Shazer und Insoo Kim Berg wird aber nicht verstanden, dass der Seelsorger dem Klienten die Lösung unterbreitet, sondern dass er den Ratsuchenden mithilfe von Fragen zu dessen eigenen Lösungsideen führt oder begleitet. Die können völlig anders aussehen als das, was sich ein Seelsorger unter einer Lösung vorgestellt hätte. Doch das ist nicht wichtig, denn der Ratsuchende sollte in der Seelsorge wieder zu seiner eigenen Handlungsfähigkeit gebracht werden – dazu benötigt er den Zugang zu seinen Ressourcen und daraus folgend wird er die zu ihm passende Lösung Schritt für Schritt – manchmal in einem längeren Prozess – vor sich sehen.

4. Der hypnotherapeutische Ansatz

Das von Milton Erickson beschriebene hypnotherapeutische Modell beschreibt inneres Erleben als Fokussierung der Aufmerksamkeit auf bestimmte Bereiche. Da, wo unsere Aufmerksamkeit ist, dort befinden wir uns gerade. Anderes blenden wir dagegen aus oder haben im Augenblick keinen Zugang dazu. So assoziieren wir bestimmte Dinge als zusammengehörend und rufen diese Assoziationsketten oder -muster auf, sobald wir einen Teil der Kette mit einem unserer fünf Sinne wahrnehmen.

BEISPIEL:
Sie kennen das: Sie betreten einen Raum und nehmen den abgestandenen, säuerlichen Geruch wahr, den auch Ihr Klassenzimmer früher verströmte. Sofort steigen Bilder auf, die damit assoziiert, also im Gehirn miteinander verknüpft sind, ebenso Gefühle oder Körperempfindungen. Sie gehen mit Ihrer Aufmerksamkeit zurück in Ihr Klassenzimmer und erleben sich wieder in der Schule, obwohl Sie vielleicht gerade ein Museum besuchen oder auf einer Party eingeladen sind.

Das Muster, das Sie gerade aufgerufen haben, ist dabei aus Gedanken, Gefühlen, Körperempfindungen, Beziehungen, Ort und Zeit und anderem mehr miteinander verbunden. Diese Netzwerke, die Sie im Hier und Jetzt aufrufen, sind nun aber nicht in sich stabil, sondern veränderbar, indem bei einem der einzelnen Elemente ein Unterschied, eine kleine Veränderung, eingeführt wird. Aufgrund dessen, dass es sich bei der Assoziationskette um ein System handelt, wird mit der Einführung des Unterschieds das ganze Muster verändert.

Bei dem Beispiel der Aufmerksamkeitsfokussierung auf

das alte Klassenzimmer könnten Sie z. B. Ihre Körperreaktion (Körperhaltung oder Atmung) wahrnehmen und verändern, die Wände imaginär in einer knalligen Farbe streichen oder den Lehrer mit einer Mickey-Maus-Stimme sprechen lassen. Falls Sie gerade in Gedanken kurz mitgemacht haben, und das werden Sie, wenn Sie nicht bewusst Ihre Aufmerksamkeit von dem Beispiel weggelenkt haben auf etwas anderes, dann werden Sie feststellen, dass sich Ihr Erleben verändert, vielleicht am deutlichsten, wenn Ihr Lehrer plötzlich „quiekt“.

5. Der hypno-systemische Ansatz

In dem von Gunther Schmidt entwickelten hypno-systemischen Ansatz kommen systemische, hypnotherapeutische, ressourcen- und lösungsfokussierte Ansätze zusammen und integrieren weitere Sichtweisen aus anderen therapeutischen Richtungen. Dabei geht es vor allem darum, das unwillkürliche und unbewusste Erleben bewusst zu machen und zu verändern, um dadurch Veränderungen im Denken und Handeln herbeizuführen.

BEISPIEL:
Halten Sie für einen Augenblick inne und nehmen Sie einmal bewusst wahr, was Ihnen normalerweise während des Lesens nicht mehr auffällt: Ihre Augen sind mit diesen Zeilen beschäftigt, hören Sie noch alles, was um Sie herum geschieht? Während ich das hier schreibe und wenn ich meine Aufmerksamkeit jetzt bewusst auf meinen Hör-Sinn wende, nehme ich z. B. das Maunzen meiner Katze wahr, die gerne mit mir spielen möchte, das Kochen von Teewasser, das Klappern der Tastatur ... Und wenn ich noch genauer darauf achte, dann fällt mir auf, dass die Tasten tatsächlich unterschiedlich klingen, manche heller, manche dunkler. Das ist mir bisher so noch gar nicht bewusst gewesen. Was ich dagegen gerade nicht wahrgenommen habe, während ich mich auf das Hören konzentrierte, ist, wie ich auf meinem Schwinghocker sitze, ob ich meine beiden Sitzhöcker spüre und wie sich das anfühlt, wenn mein rechtes Bein über mein linkes übergeschlagen ist, wo sich die Unterschenkel berühren und wo die Berührung wieder aufhört. Auf das Hören und Sehen habe ich zuletzt weniger geachtet, aber ich kann da jetzt mit meiner Aufmerksamkeit hin zurückkehren oder aber mich entscheiden, einmal wahrzunehmen, was ich rieche oder schmecke.

Wie ist es Ihnen ergangen, während Sie dieses Beispiel gelesen haben? Haben Sie mitgemacht und sich nacheinander auf Ihre verschiedenen Sinne konzentriert und dafür anderes weniger oder gar nicht mehr wahrgenommen? Oder haben Sie sich bewusst dafür entschieden, etwas anderes wahrzunehmen, sich z. B. zu spüren, während ich vom Hören schreibe, oder etwas anderes zu tun?

Was ich Ihnen hier beschreibe, sind zwei wesentliche Punkte, die wir uns im hypno-systemischen Modell gerne zunutze machen: Der erste Punkt ist die Aufmerksamkeitsfokussierung, bei der wir bestimmte Reize wahrnehmen und anderes dafür kaum oder gar nicht mehr. Das tun wir im Alltag ständig und dieses Fokussieren auf bestimmte Dinge bei gleichzeitigem Nichtwahrnehmen anderer Dinge wird im hypno-systemischen Modell mit Trance umschrieben. Trance ist also nichts Passives, bei dem wir nicht mehr mitbekommen, was mit uns gerade geschieht, sondern im Gegenteil ein bewusstes Wahrnehmen einer bestimmten Tätigkeit bei gleichzeitigem Nichtwahrnehmen von anderen Dingen. Je mehr wir in Trance sind, desto mehr sind wir auf eine Sache fokussiert, während anderes immer mehr in den Hintergrund tritt.

Der zweite Punkt ist, dass ich Sie mit meinem Angebot, erst hören, dann spüren, einlade, es mit mir mitzumachen, aber Sie haben die Wahl, ob Sie diese Einladung annehmen oder auch nicht. Ich kann Sie nicht von außen instruieren, wie Sie Ihre Wirklichkeit zu erleben haben, ich kann Sie auch nicht von außen dazu bringen, dass Sie jetzt gerade etwas Bestimmtes fühlen, sondern Sie sind in Ihrem System autonom. Wir treten zwar miteinander in Wechselwirkung als Autorin-Leser-System, aber welche Auswirkungen das für Sie und für mich haben wird, lässt sich nicht vorhersagen. Systeme sind autonom, d. h. der Mensch an sich oder ein soziales Beziehungsnetzwerk können nicht von außen zu einem ganz bestimmten Erleben gezwungen werden. Das bedeutet, dass das System die Wahl hat, wie es ein Geschehen erleben möchte. Es gibt natürlich „Einladungen" von außen, z. B. hässliche Worte, Manipulationen, Gewalt oder Gruppendynamiken, die diese Wahl deutlich erschweren. Doch bleibt dem einzelnen Menschen wie auch einem System aus mehreren Personen immer der Gestaltungsspielraum, wie diese „Einladungen“ erlebt werden.

Diesen Punkt halte ich für wichtig, wenn es um das Verständnis von Vergebung geht. Wenn ein Mensch sich von jemandem verletzt fühlt, dann bedeutet diese Wahlmöglichkeit des eigenen Erlebens nicht, dass sie selbst daran schuld ist, weil sie sich dazu „entschlossen“ hat, verletzt zu sein. Wenn jemand hässliche Dinge sagt und die andere Person damit entwürdigt, liegt sein entwürdigendes Tun auf seinem eigenen Tisch. Doch hat die verletzte Person die Möglichkeit, sich nicht (länger) entwürdigen zu lassen, was – je nach Verletzung – auch ein längerer Prozess sein kann. Wichtig ist, dass sie den Verursacher nicht benötigt, um die Verletzung zu vergeben, weil dies nur mit ihrem eigenen Erleben zu tun hat.

BEISPIEL:
Bleiben wir noch ein paar Augenblicke beim Thema „sich verletzt fühlen“. Warum ist es so viel einfacher, eine in unseren Augen „kleine“ Verletzung viel schneller zu vergeben, als wenn wir uns massiv verletzt fühlen? Dies hat damit zu tun, dass wir bei schwererem Leiden eine größere Problemtrance entwickeln, die den Zugang zu unseren Kompetenzen immer mehr schmälert. Wenn uns z. B. der Partner morgens anmeckert und wir ansonsten gut mit uns in Kontakt sind, ärgern wir uns möglicherweise kurz über sein Verhalten, haben aber genug Ressourcen, um es uns zu erklären oder mit ihm ein klärendes Gespräch zu führen. Nehmen wir aber z. B. an, wir arbeiten mit jemandem zusammen, der uns immer wieder ausbremst, hinter unserem Rücken redet, uns vor anderen bloßstellt und uns beim Chef anschwärzt, und wir haben aus Sorge vor dem Arbeitsplatzverlust den Eindruck, nichts dagegen unternehmen zu können, dann werden wir vielleicht schlechter schlafen, schon bei dem Gedanken an diese Person angespannt sein, uns hilflos fühlen, vielleicht auch Angst oder Wut empfinden.

Möglicherweise fangen wir an, unsere Gedanken mehr und mehr darum kreisen zu lassen, und wir finden immer weniger eine Lösung. Die entstandene Problemtrance bedeutet, dass wir ein Assoziationsnetzwerk aufgerufen haben, in dem wir vor allem die schwierigen Dinge wahrnehmen, die mit diesem Erleben verknüpft sind. Je mehr wir das tun, je mehr wir also leiden, desto mehr schalten wir gleichzeitig unsere Fähigkeiten aus, Lösungen zu finden und unsere Ressourcen und Kompetenzen wahrzunehmen. Unser Erleben ist sozusagen assoziiert mit dem Schrecklichen, was uns passiert, und gleichzeitig dissoziiert, also getrennt, von unseren Ressourcen und Kompetenzen.

Der lapidar gesprochene Satz eines Seelsorgers „Vergib ihm" ist in so einem Erleben schwer auf den Punkt möglich, sondern ein Prozess, bei dem wir erst wieder lernen, uns mit unseren Kompetenzen zu verbinden, also zu assoziieren.

Dazu arbeitet das hypno-systemische Modell mit dem Erarbeiten einer Lösungstrance. Damit ist gemeint, dass wir lernen, uns mit den in uns bereits schon vorhandenen Kompetenzen zu verbinden, indem wir unsere Aufmerksamkeit darauf verwenden und diese dadurch verstärkt wahrnehmen. Eine Lösungstrance kann z. B. mithilfe von ähnlichen schon überwundenen Situationen erarbeitet werden, indem danach gefragt wird, wie der Klient das geschafft hat. Eine andere Möglichkeit ist, sich vorzustellen, wie sich der Klient fühlen würde, wenn die verletzende Situation für ihn geklärt wäre. Anhand des angenehmen Zielgefühls kann daraufhin ein Lösungsbild erarbeitet werden, dem sich der Verletzte nach und nach annähert. (Teil III.6)

BEISPIEL:
Hier noch ein anderes Beispiel, das eine Lösungstrance verdeutlicht: Nehmen wir an, eine Kindergottesdienstmitarbeiterin hat eine Geschichte erzählt, bei der ihr die Kinder förmlich an den Lippen gehangen haben. Sie ist glücklich und geht in den Gottesdienstraum, wo sie auf ein paar Eltern trifft. Diese erzählen ihr, wie begeistert ihre Kinder immer wieder von ihren Stunden sind, dass es ihnen so viel Spaß mache und dass sie so gut erzählen könne, dass die Kinder davon beim Mittagessen berichten. Danach trifft sie einen anderen Mitarbeiter, der sie neugierig und interessiert fragt, wie sie das geschafft habe. Sie zögert kurz und dann zählt sie ihm auf, dass sie sich gut in die Kinder, aber auch in die Geschichten hineinversetzen könne, dass sie eine Idee davon habe, wie es zur Zeit der Geschichte in Israel gewesen sein müsse, dass sie ein gutes Vorstellungsvermögen habe, Gruppendynamiken lesen könne und selbst viel Spaß bei der Kinderstunde habe.

Wenn wir sie jetzt fragen würden, wie es ihr denn mit dem gehe, was sie gerade erlebt und bei sich wahrgenommen habe, dann sagt sie möglicherweise, sie fühle sich frisch, voller Energie und Tatendrang und habe Lust, gleich die nächste Stunde zu halten. Wir könnten weiterfragen, wo genau sie diese Gefühle im Körper wahrnimmt und was sie tun muss, um sich an diese Ressourcen immer wieder zu erinnern. Je mehr sie ihre Aufmerksamkeit auf das Gelungene lenkt und ihre damit verbundenen Gefühle auch noch körperlich wahrnimmt, desto eher wird es ihr gelingen, diese Ressourcen erneut abzurufen, wenn sie sie braucht. Ihre Aufmerksamkeit ist ganz bei dieser Sache, während sie vielleicht ihre erlebte Inkompetenz beim Kochen eines neuen Gerichts gerade nicht wahrnimmt.

Den Weg, diese eigenen Ressourcen und Kompetenzen wahrzunehmen und zu verstärken, also mehr auf das, was die Mitarbeiterin kann, fokussiert zu sein, beschreibt der hypno-systemische Ansatz mit Hypnose. Es geht um die Einladung von außen durch eine andere Person oder von innen, also der betroffenen Person selbst, die Aufmerksamkeit auf bestimmte Dinge stärker zu lenken und andere umso mehr auszublenden. Wenn es von außen geschieht, bleibt es immer der jeweiligen Person überlassen zu entscheiden, ob sie diesen Vorgang der Hypnose für sich annimmt oder nicht.

Vielleicht ist der Begriff „Hypnose“ zunächst einmal irreführend, weil wir vom Fernsehen vermutlich ein anderes Verständnis vermittelt bekommen haben, bei dem Menschen sich einer Fremdbestimmung überlassen.

Dennoch ist die Bezeichnung treffend, denn der Begriff leitet sich von dem griechischen Wort für Schlaf „hypnos“ ab. Genau das meinen wir mit Hypnose: Wir instruieren uns selbst so, dass Dinge wie von selbst, also wie im Schlaf funktionieren.

Was denken Sie z. B. über sich? Jetzt gerade? Sind Sie zufrieden mit sich, fühlen Sie sich von Gott angenommen, können Sie Ja zu sich sagen? Falls das so ist, versuchen Sie einmal herauszufinden, was genau Sie gerade über sich denken. Welche Selbstinstruktionen geben Sie sich sozusagen nach innen? Beobachten Sie jetzt einmal, welche Körperhaltung Sie dabei ganz von selbst eingenommen haben, wie Ihr Atem geht, welche Gefühle Sie gerade wahrnehmen.

Dasselbe können Sie natürlich auch machen, wenn Sie sich gerade niedergedrückt fühlen oder unzufrieden mit sich sind.

Christen hypnotisieren sich auch selbst, z. B. indem Sie sich 50 Dinge aufschreiben, für die sie dankbar sind, und plötzlich feststellen, dass sich ihr Erleben verändert. Oder denken Sie an manche modernen Lieder, die in Anbetungszeiten immer wiederholt werden, sodass sich ein angenehmes Erleben einstellt. Menschen werden in der Anbetung ruhiger, fühlen sich befreiter, haben einen besseren Zugang zu sich selbst – genau das wird unter Hypnose verstanden.

Wir sind pausenlos dabei, unsere eigene Wahrnehmung, unsere eigene Haltung zu uns selbst und anderen und vieles mehr zu konstruieren.

BEISPIEL:
Angenommen, jetzt kommt jemand zu Ihnen, der über ein mangelndes Selbstbild klagt und sich nicht annehmen kann. Er stellt also einen inneren Konflikt mit sich fest, den er nicht selbst lösen kann. Jetzt können Sie mit ihm im Gespräch an seinem Selbstbild arbeiten, ihn Bibelverse dazu lesen lassen und anderes mehr. Das ist auch wichtig, damit sich sein Denken über sich selbst ändert.

Der hypno-systemisch gesprägte Seelsorger weiß zudem auch von den „langsamen" denkenden oder willkürlichen Prozessen und von den schnellen unwillkürlichen, die deutlich schneller sind und stärker wirken. Deshalb untersucht er die Selbsthypnose, d. h. die Eigeneinrede, mit der der Klient sein mangelndes Selbstwertgefühl täglich neu konstruiert. Vielleicht sagt er ständig zu sich:

„War ja klar, dass mir das nicht gelingt."

Er beobachtet auch, wie sich Körperhaltung und Erleben des Ratsuchenden durch die Schilderung ändern, d. h. wie er sich quasi von selbst in eine deprimierte Haltung zu sich selbst begibt und in eine Problemtrance fällt.

Dann erarbeitet er mit seinem Klienten eine neue Körperhaltung, in der der Klient so tut, als ob er es schon fühlen kann, dass Gott ihn wunderbar gemacht hat. Diese neue Körperhaltung übt er mit ihm ein. Dadurch versucht er die unwillkürlichen Prozesse mit den willkürlichen zu verbinden und neue Assoziationsmuster im Gehirn zu bahnen.

Leistungssportler, die sich für ihre Ausübung einem mentalen Training unterzogen haben, machen genau das. Manchmal sehen Sie im Fernsehen oder live, wie ein Sportler vor seinem Wettkampf eine bestimmte Bewegung immer wiederholt und damit den ganzen Assoziationsprozess abruft, den er damit verknüpft hat, um ihn dann im Wettkampf abzurufen. Wenn das Assoziationsmuster gut mit der einen Bewegung verknüpft worden ist, wird sich der Körper wie von selbst an dieses Muster erinnern können (Teil III.6). Wenn Sie wollen, können Sie das als Wettkampftrance bezeichnen.

Nun ist die Orientierung auf den Körper in christlichen Gemeinden durchaus ungewohnt. Unser Körper ist uns im Laufe der letzten Jahrhunderte fremd geworden. Wir haben vergessen, dass der Heilige Geist genau dort wohnt und dort Raum einnimmt.

> *Oder wisst ihr nicht, dass euer Leib ein Tempel des Heiligen Geistes ist, der in euch ist und den ihr von Gott habt, und dass ihr nicht euch selbst gehört?* (1 Kor 6,19)

Schon in Korinth zählte nur der Geist, mit dem geglaubt wurde. Der Körper war völlig unwichtig und konnte deshalb auch zur Sexualität mit Prostituierten verwendet werden. Obwohl Paulus noch keine Idee von dem Zusammenspiel der verschiedenen Teile im Gehirn haben konnte, wusste er doch darum, dass ein Christ mit dem Körper ebenso glaubt wie mit der Großhirnrinde. Heute wissen wir, dass sich Erleben auf dem Körper ablegt und gut eingeübte Bewegungs- und Erlebnismuster sogar schneller abrufbar sind und stärker wirken als alles Nachdenken und Reflektieren.

ÜBUNG:
Deshalb lade ich Sie an dieser Stelle ein, sich einmal bewusst darauf zu konzentrieren, dass sie ein von Gott vollkommen geliebter Mensch sind. Sie könnten sich z. B. den Vers aus Jeremia 31,3 (aber natürlich auch jeden anderen Vers der Bibel) vornehmen:

Ich habe dich je und je geliebt, darum habe ich dich zu mir gezogen aus lauter Güte.

Nehmen Sie diesen Vers einmal bewusst wahr, sagen Sie ihn sich stückweise bei jedem Atemzug, spüren Sie, was in Ihrem Körper geschieht, wenn Sie diese Zusage bewusst wahrnehmen.

Nehmen Sie außerdem wahr, welche Bilder, welches Erleben Ihnen in den Sinn kommt. Versuchen Sie, dies mit allen Sinnen (Sehen, Hören, Spüren, Riechen und Schmecken) zu erfassen.

Und dann überlegen Sie sich einmal, welche fließende Bewegung, z. B. mit den Händen, Sie dazu machen könnten. Sie können natürlich auch anderes tun, um sich diesen Vers mehr unwillkürlich bewusst zu machen: Sie können eine vielleicht aufrechte Haltung einnehmen, den Kopf erheben, in einer bestimmten Art gehen oder vielleicht hüpfen und anderes mehr. Wenn Sie das in Ihrem Tagesgeschehen ritualisieren, werden Sie ausgehend von dieser Zusage Gottes mithilfe der Bewegung allmählich Ihr neues Erleben abrufen können und feststellen, dass Sie auch einen anderen persönlichen Bezug zu dieser Aussage gewonnen haben.

II.

Seelsorge im Spannungsfeld zwischen sichtbarer und unsichtbarer Wirklichkeit

1. Himmel und Ewigkeit umspannen Raum und Zeit

1.1 „Ewigkeit in ihren Herzen" – das transzendente System in der Seelsorge

Benutzen Sie auch gerne ein GPS-System, um an einen Ort zu kommen, zu dem Sie zuvor noch nie gefahren sind? Ich habe das schon oft gemacht und selbst in Berlin hat mir mein Handy so manches Mal geholfen. In seltenen Fällen allerdings bin ich auch ganz woanders angekommen, als ich eigentlich wollte. Das eindrücklichste Beispiel, an das ich mich erinnere, war, als ich vor ein paar Jahren ein Hotel in Franken suchte und vor einer Fastfoodkette landete. Das konnte einfach nicht stimmen!

In der Seelsorge spannen sich Reden und Handeln zwischen einem horizontalen (immanenten) und einem vertikalen (transzendenten) System auf.

Meistens liegen diese Verirrungen daran, dass es mehrere Orte mit gleichem Namen gibt, sich die Straßenführung verändert hat und Ähnliches mehr. Stellen Sie sich nun vor, Sie würden sich auf ein System verlassen, das entweder nur mit Längen- oder nur mit Breitengraden arbeitet. Je nachdem, welches Ziel Sie eingeben, könnten das endlos lange Fahrten werden, ohne dass Sie Ihr tatsächliches Ziel erreichen. Wir brauchen beide Koordinaten, Breiten- wie Längengrade, um an der richtigen Stelle anzukommen.

In der Seelsorge spannen sich Reden und Handeln zwischen einem horizontalen (immanenten) und einem vertikalen (transzendenten) System auf. Glaubende sind somit immer Mitglieder beider Systeme oder anders: Das System der Glaubenden besteht aus einem sichtbaren und einem unsichtbaren Kontext. Anders ausgedrückt: Christen sind schon jetzt in der unsichtbaren Wirklichkeit verankert.

Die Schwierigkeit besteht darin, dass ihnen die vertikale, transzendente Komponente verschlossen ist, solange sie ihnen nicht von außen, also von Gott, offenbart wird. Gleichzeitig ist diese der Ursprung, aus der unsere Welt, die Horizontale, überhaupt erschaffen wurde und erhalten wird. Der Hebräerbrief sagt das so:

> *Der Glaube aber ist eine Wirklichkeit dessen, was man hofft, ein Überführtsein von Dingen, die man nicht sieht. Denn durch ihn haben die Alten Zeugnis erlangt. Durch Glauben verstehen wir, dass die Welten durch Gottes Wort bereitet worden sind, sodass das Sichtbare aus Nicht-Sichtbarem (Sic) geworden ist.* (Hebr 11,1–3, Elberfelder)

Der Verfasser des Hebräerbriefs malt seinen Lesern vor Augen, was Glaube bedeutet – gerade in ihrer schwierigen Situation, in der sich bereits ihr Glaube durch eine erste Verfolgungswelle hindurch bewährt hat und in der jetzt eine weitere Welle unmittelbar bevorsteht.

Glaube zeichnet sich aus, von einer Wirklichkeit überzeugt zu sein, die sich hinter dem zeitlichen und räumlichen Bewusstsein verbirgt. Die Zeit umschreibt der Verfasser mit „was man hofft", denn alle Hoffnung ist auf Zeit hin angelegt. Glaube geht aber darüber hinaus und verweist auf eine ewige Dimension. Die Dimensionen „Breite, Tiefe und Höhe" eines Ortes umschreibt der Verfasser mit „was man sieht". Glaube ist also ein Feststehen oder ein fest gegründet sein in der Wirklichkeit, die außerhalb von unserer sichtbaren Welt existiert, letztlich ist er gegründet in Gottes Zuverlässigkeit und Treue und wird so von ihm gehalten. Diesen Glauben haben bereits unzählige Menschen vor uns gelebt und sind aufgrund ihres Glaubens von Gott gerecht gesprochen worden. Einige Personen werden in den folgenden Versen des elften Kapitels beschrieben. Dieser Glaube, der von Gott geschenkt wird und den er täglich durch sein Ja zu den Menschen erhält, kann die horizontale und die vertikale Komponente neu wahrnehmen: Sichtbare wie unsichtbare Welt sind von Gott geschaffen worden – ein herausfordernder Satz, den der Verfasser so nebenbei einstreut. So herausfordernd, dass selbst Luther das griechische Wort „aion“ mit „Welt“ übersetzte. Aber „aion“ ist der griechische Begriff für Zeitalter oder Ewigkeit und er steht hier im Plural. Gott hat demnach auch die unsichtbare Wirklichkeit durch sein Wort entstehen lassen. Aus dieser nicht-sichtbaren Welt hat Gott erst danach die sichtbare erschaffen. Gott schafft also zunächst seinen Raum und seine Zeit: Das sind Unbegrenztheit und Unendlichkeit. Von der Unbegrenztheit seines Raums ahnen wir etwas, wenn wir das Weltall betrachten, das sich immer weiter ausdehnt. Die Frage, wo hinein es sich denn ausbreitet, bringt uns an unsere Grenzen. Die unsichtbare Welt war vor der sichtbaren schon vorhanden, sie besteht jetzt und sie wird auch nach der sichtbaren weiterbestehen. Sie ist daher die Folie und der Stoff, aus dem die sichtbare Wirklichkeit geworden ist und die bei allem Denken, Fühlen und Handeln Hintergrund bleiben wird. Für alles Tun heißt das, dass es immer auch eine Bedeutung in der unsichtbaren Welt hat und umgekehrt. Aus systemischer Sicht macht das sofort Sinn, denn das System der Glaubenden umfasst sowohl den sichtbaren als auch den unsichtbaren Kontext und diese Systeme beeinflussen sich und ihre Mitglieder gegenseitig.

Die sichtbare Welt wird eines Tages in die unsichtbare Welt zurückfallen (Offb 21,1–4); zurück bleiben Schöpfer und Geschöpf. So wird die eigentliche Dimension des Glaubens deutlich: Er besteht in der vertrauensvollen Beziehung, die von Gottes Seite her durch sein tägliches Ja zu den Menschen gehalten wird und in die sie täglich neu eingeladen sind.

FALLBEISPIEL:

In meinen traumatherapeutischen Sitzungen beschäftigen wir uns mitunter damit, um belastendes Material herum einen neutralen, angenehmen oder sogar positiven Rahmen zu finden, einen Prolog und einen Epilog sozusagen. Manchmal muss ich bei Kindheitstraumatisierungen so weit zurückgehen, dass ich mit meinen Klienten die Zeit vor ihrer Zeugung konstruiere. Dann taucht unweigerlich die Frage auf: Was schafft Gott denn da?

Mit einem Klienten habe ich diese Frage ziemlich lange erörtert. Da er keine Beziehung zu sich selbst als Person hatte, waren auch seine anderen Beziehungen zu Menschen und auch zu Gott in erster Linie kognitiv, aber wenig emotional. Einen ersten Schritt nach vorne ging es, als er begriff, dass Gott ihn jeden Tag neu erschafft, ihn aus der unsichtbaren Welt heraus in die sichtbare Welt freigibt – ein erstes Ja zu sich selbst wurde ihm so plötzlich möglich.

Immer wieder begegne ich Menschen, denen die Dimensionen der unsichtbaren Welt, Unendlichkeit und räumliches Ineinander, Angst machen. Das ist verständlich, wenn jemand Glauben als die vertrauensvolle Bindung zwischen Schöpfer und Geschöpf für sich nicht fassen kann.

Wir sind alle bei der Geburt verwundet worden: Wenn die Schwangerschaft einigermaßen gut verläuft, können Menschen, ohne Zeit und Raum wahrnehmen zu können, doch fest umschlossen jeden Augenblick im Mutterleib in Ruhe und bestens versorgt heranwachsen. Gleichzeitig besteht eine Bindung zur Mutter, die einmalig für das ganze Leben ist, denn nie wieder werden Menschen an einen anderen Menschen so eng gebunden sein. So machen alle Menschen die Grunderfahrung, an jemand anderen gebunden zu sein. Diese Grunderfahrung wird zu einem Grundbedürfnis unseres weiteren Lebens, egal, welche Qualität die Grunderfahrung im Mutterleib für einen Menschen hatte.

Das System der Glaubenden umfasst sowohl den sichtbaren als auch den unsichtbaren Kontext und diese Systeme beeinflussen sich und ihre Mitglieder gegenseitig.

Bei der Geburt geht diese ständige Bindung zur Mutter verloren und kann nur punktuell vonseiten der Mutter und anderen Bezugspersonen wieder hergestellt werden. Gleichzeitig sind Babys vollkommen orientierungslos – denn Zeit und Raum können Neugeborene nicht wahrnehmen. Alles, was ist, erleben Babys als unendlich, egal ob Schmerz oder Geborgenheit. So haben wir alle einmal diese überfordernde Orientierungslosigkeit erlebt und sie ging einher mit dem schmerzhaften Bindungsverlust zur Mutter, der im Mutterleib zu hundert Prozent bestand. Je nachdem, wie gut nun Beziehungspersonen in der Lage waren, diesem Verlust zu begegnen, kann die Idee von einer unüberschaubaren Unendlichkeit große Angst bereiten. Wir können uns schlecht vorstellen, was es bedeutet, von Gott in dieser Unendlichkeit gehalten zu sein und in genau dieser Bindung den Augenblick zu leben.

In einer Gesellschaft, die aufgrund verschiedenster Ursachen immer stärker von Bindungs- und Beziehungsverlusten geprägt ist, wird diese Ur-Bindung zu Gott immer unvorstellbarer, die Sehnsucht danach größer, zugleich aber weniger greifbar. Je stärker diese Verluste ausgeprägt sind, desto schwerer fällt es Menschen, im Augenblick zu sein und diesen zu genießen.

Deutlich wird mir das immer wieder bei schwer traumatisierten Menschen und solchen, die einen schlechten Kontakt zu sich selbst haben und massiv an ihrem Selbstwert zweifeln. Diesen macht das Sein im Augenblick Angst, weil es sich leer anfühlt, mitunter sogar bedrohlich. Nicht von ungefähr begeben sich solche Personen massiv auf die Suche und landen in zahlreichen Süchten, die den Augenblick befried(ig)en.

Seelsorgliches Reden und Handeln will aber genau das: Das Geschöpf an seinen Schöpfer zurückbinden und ihn in dieser Gewissheit so stabil machen, dass das Hier und Jetzt gelingen kann. Denn das Hier und Jetzt findet seinen Halt und sein Dasein auf dem Hintergrund der Ewigkeit.

1.2 Die Bedeutung vom Sein im „Hier und Jetzt“ – das immanente System in der Seelsorge

Es ist ein sonniger, aber klirrend kalter Montag, an dem ich diese Zeilen schreibe. Ich sitze an meinem großen Schreibtisch und hämmere mit meinen Fingern möglichst flink auf meiner Laptoptastatur. Dabei erinnere ich mich plötzlich, dass ich einmal im Zug gebeten wurde, mit etwas weniger Schwung in die Tasten zu hauen. Zugegeben, ich liebe es, etwas lebhafter mit meinem

Computer umzugehen, als er es vielleicht verdient hat. Sehen Sie, und schon bin ich im Gestern, denn die Zugfahrt ist schon einige Monate her. Was hat diese Assoziation ausgelöst? Es war die Art und Weise, wie ich diese Zeilen schreibe, und das Schreiben über das Schreiben hat mich daran erinnert, dass ich einmal einem Fahrgast ziemlich auf die Nerven gefallen bin.

Unser Gehirn ist assoziativ konstruiert, d. h. bestimmte Worte, Sätze, Orte, Gerüche etc. setzen damit verknüpfte Erinnerungen frei, die uns aus dem Hier und Jetzt in eine andere Zeit und an einen anderen Ort versetzen. Assoziationen sind nun an sich nichts Schlechtes, es sei denn, schlimme Erinnerungen werden auf einmal ausgelöst, die das Leben in unserem Alltag erheblich erschweren.

Das Zusammenspiel verschiedener Teile im Gehirn ist dafür zuständig, ob wir im Jetzt oder eher in der Vergangenheit oder Zukunft verhaftet sind. Unsere Gedanken machen sich, ausgelöst durch unseren Aufmerksamkeitsfokus, schnell auf den Weg, während wir uns gerade noch auf das Heute konzentrieren wollten.

„Brot sollte ich auch noch einkaufen", „Ach ja, Thomas muss ich gleich zurückrufen", „O Mann, dass ich gestern so ärgerlich reagiert habe, war wirklich dumm von mir ...", sind uns geläufige Sätze, doch schon läuft unser Kopfkino ab: Bilder, Gefühle und Körperwahrnehmungen, die mit den Gedanken verknüpft sind, werden wachgerufen. Wir sind in unserem Film und verlieren zumindest für den Augenblick den Fokus auf das, was gerade hier und jetzt ist.

Was uns Erwachsenen so schlecht gelingt, fällt Babys leicht. Wenn ein Kind geboren wird, braucht es vor allem gesunde Rhythmen: Schlafen – wach sein, Hunger – essen – satt werden, Nähe erfahren und getröstet werden. Diese Erfahrungen werden rein körperlich gemacht und im untersten Teil des Gehirns, im Hirnstamm, als neuronale Netzwerke abgelegt. Diese Netzwerke sind perfekt auf den jeweiligen Körper zugeschnitten. Andere Teile des Gehirns, die für die Orientierung in Raum und Zeit verantwortlich sind, sind zwar angelegt, aber noch funktionsuntüchtig. Das bedeutet für ein Baby, dass jeder erlebte Zustand jetzt und gleichzeitig unendlich erlebt wird. Es gibt kein „Gleich“ und schon gar kein „Morgen“ oder „Gestern“. Alles, was passiert, ist also jetzt, jetzt, jetzt ... Wenn es Hunger hat, dann ist das jetzt. Wenn es satt ist, ebenfalls.

Ein Neugeborenes kann noch nicht unterscheiden oder benennen, was es fühlt. Alles scheint gleich und wird mit körperlichem Schmerz oder Wohlbefinden – Anspannung oder Entspannung – wahrgenommen. Egal, ob Schmerz oder Wohlbefinden – es wird anscheinend nie wieder aufhören. Denn es gibt noch keinen Bezug zur Zeit. Was also sind fünf Minuten, bis Mami kommt? Wenn es zufrieden und satt ist, dann ist das „jetzt“ und wird nach Babygefühl nie wieder enden; wenn es Schmerzen hat, dann ist das jetzt und jetzt ist unendlich. Babys erleben also so etwas wie Unendlichkeit. Wir können uns nur nicht bewusst daran erinnern, weil diese Zeit vorsprachlich ist. Dennoch gibt es eine Erinnerung daran, das wissen wir u. a. inzwischen aus der Traumaforschung. Neben dem bewussten Gedächtnis gibt es auch das intuitive unbewusste und das Körpergedächtnis. So sind Erinnerungen immer mit gewissen Körperspannungen verknüpft, der Körper erinnert sich.

Frühe Emotionen werden ebenfalls gespeichert, und zwar im Limbischen System. Wir behalten eine emotionale und eine körperliche Ahnung von unserem Erleben als Säuglinge und Kleinkinder, egal wie unsere ersten Lebensjahre verlaufen sind, und genauso haben wir auch eine Ahnung behalten von zeitlicher und räumlicher Unbegrenztheit.

In Psalm 131,2 heißt es:

> *Fürwahr, meine Seele ist still und ruhig geworden, wie ein kleines Kind bei seiner Mutter, wie ein kleines Kind in mir, so ist meine Seele.*

Der Psalmist sehnt sich danach, dieses Unendlichkeitsgefühl zu haben, zu erleben, nicht nur für eine Weile zufrieden zu sein, sondern in diesem Zustand bleiben zu dürfen. Wir sehnen uns nach dieser Ewigkeit, wir sehnen uns nach diesen wunderbaren Augenblicken, die sich dann auch wie Tage anfühlen können und am besten nie wieder vergehen werden. Wir haben eine Ahnung von dem, wie sich Ewigkeit anfühlen könnte, weil wir es bereits erlebt haben.

Wenn nun im Laufe des Älterwerdens die Orientierung immer besser gelingt, gibt es für uns Menschen ein Gestern und ein Morgen. Das ist gut, weil wir jetzt über uns selbst und unser Handeln reflektieren, weil wir planen und gestalten können. Gleichzeitig ist es hinderlich, weil wir häufig mit unserem Kopf ganz woanders sind, als der Rest von uns. Dabei sind wir zum Sein geschaffen, zum Da-Sein. In dieses Dasein hinein spricht Gott sein „Heute“.

Die Verse im Hebräerbrief (Hebr 3,7–8) machen darauf aufmerksam, dass für Gott das Heute zählt und in dieses hinein wird er heute seine Antworten geben. Der Verfasser lädt ein, sich darauf zu verlassen, dass Gott heute das Wort zum Heute spricht und morgen das Wort zum Morgen. Wie er im Jetzt präsent und anwesend ist, so lädt er uns in seine jetzige Gemeinschaft ein. Und damit zugleich in einen ewigen Augenblick. Denn auch die Ewigkeit ist genau hier und genau jetzt.

Auch Jesus betont das Sein im Hier und Jetzt.

> *Darum sorgt nicht für morgen, denn der morgige Tag wird für das Seine sorgen. Es ist genug, dass jeder Tag seine eigene Plage hat.* (Mt 6,34)

Jesus geht es in diesem Wort nicht darum, keine Vorsorge zu treffen oder über die Zukunft nachzudenken. Er regt vielmehr dazu an, im Hier und Jetzt zu sein, gerade wenn Sorgen quälen, wir also angstvoll mit der Zukunft beschäftigt sind. Mit diesem Wort erinnert er daran, wie die flüchtenden Israeliten jahrelang täglich mit Manna versorgt wurden. Auch sie bekamen täglich das, was sie brauchten – nicht mehr, aber auch nicht weniger, und immer war es genug.

FALLBEISPIEL:
Einer Klientin hat dies schon manches Mal geholfen, wenn Existenzängste sie erstarren ließen und sie kurz vor der Insolvenz stand. Dann hat sie sich umgeschaut und sich

klargemacht, was sie im Heute alles besitzt, dass der Kühlschrank voll ist und sie mehr als genug hat, um den Tag zu überleben.

Menschen zerbrechen sich den Kopf, wie sie die nächsten Tage schaffen sollen. Auch hier gilt das Bibelwort, sich auf das Jetzt zu konzentrieren und um die Dinge im „Jetzt gerade“ besorgt zu sein. Es wird genug Kraft für das Morgen geben. Anstrengend wird es, wenn wir einen Teil der Kraft, die wir für heute erhalten, damit verschwenden, dass wir mit den Dingen von morgen beschäftigt sind.

Es ist gesund, mehr im Hier und Jetzt zu leben; letztlich ist es der wirksamste Schutz gegen Burn-out. Wir bekommen eine größere Stabilität in unserem Leben und sind besser in der Lage, Lebenskrisen aufzufangen und zu verarbeiten.

Gott möchte Menschen weder im Gestern noch im Morgen, sondern im Heute begegnen. Denn Gott ist ein Gott der Gegenwart. Sein Name ist „Ich bin da“, was bedeutet, dass er in jedem Augenblick da ist, wie er gestern da war, so wird er auch morgen da sein. Aber begegnen will er Menschen immer im Jetzt. Denn jedes Jetzt ist zugleich ein Augenblick der Ewigkeit, ein ewiger Moment. Deshalb ist es schwierig, Gottes Reden ins Morgen zu verschieben oder nur aus dem Gestern zu leben. Gottes Wort reicht für das Heute. Was morgen wichtig ist, wird er morgen mitteilen. Genauso wie er alles Nötige für das Gestern mitgeteilt hat. Zugleich lädt er damit ein, selbst ganz im Hier und Jetzt zu sein und ihm dort zu begegnen. Voraussetzung ist, dass wir im Kontakt mit uns selbst sind, dass wir im Hier und Jetzt sind.

ÜBUNG:
Machen Sie einmal die Probe mit folgender Übung und beantworten Sie die Frage: Auf einer Skala von 1 bis 10, bei der 1 „gar nicht“ und 10 „ganz“ bedeutet, auf welchem Wert sind Sie da im Augenblick bezogen auf das Hier und Jetzt? Wenn Sie eine Zahl für sich gefunden haben, die in diesem Augenblick gilt, fragen Sie sich weiter: Woran mer-

ken Sie das? Versuchen Sie noch etwas mehr bei sich anzukommen, indem Sie die verschiedenen Sinne durchgehen (Augen, Ohren, Gespür, Geschmack, Geruch): Was genau sehen Sie gerade? Was hören Sie? Was spüren Sie körperlich? Gibt es auch einen Geschmack oder Geruch? Und wo sind Sie im Augenblick auf der Skala, bezogen auf das Hier und Jetzt?

Je stärker wir uns im inneren Chaos befinden, desto mehr Orientierung benötigen wir von außen, um uns wieder in Zeit und Raum zurechtzufinden und uns zu sortieren. Diese Art der Fragen nennen wir „reorientieren". Versuchen Sie das immer mal wieder und Sie werden feststellen, dass es Ihnen immer leichter fallen wird, den Unterschied zu spüren und ins Hier und Jetzt zurückzukehren bzw. darin zu bleiben. Sie werden das auch an Ihrer Atmung merken, die tiefer und freier wird.

Wenn wir bei uns ankommen und „sind", können wir besser mit anderen in Kontakt kommen und auch mit Gott. Dennoch ist Gott in seinem Kontakt zu uns nicht nur von unserer Reorientierung abhängig. Es gefällt ihm, sich selbst in das Hier und Jetzt zu begeben und darin zu begrenzen. Letztendlich hat sich Gott in seiner Dreieinigkeit in Zeit und Raum begeben: Denken Sie an den jüdischen Tempel, an den Mensch gewordenen Christus und zuletzt an den Heiligen Geist, der in jedem seiner Kinder Wohnung nimmt.

Je stärker wir uns im inneren Chaos befinden, desto mehr Orientierung benötigen wir von außen, um uns wieder in Zeit und Raum zurechtzufinden und uns zu sortieren.

In unserer Zeit ist es dieser Heilige Geist, der sich in Zeit und Raum begibt und aus den Menschen Gottes lebendige heilige Räume werden lässt, sich selbst aber dadurch bewusst begrenzt. Außerdem gibt er uns auch Orientierung von außen und schlägt die Brücke zurück in die unsichtbare Welt. In diesem heiligen Raum findet Begegnung statt: Zwischen einem Menschen und Gott, zwischen einem Klienten und seinem Seelsorger oder zwischen Mensch und Schöpfung.

Seelsorgliches Reden und Handeln bedeutet letztendlich, dem Ratsuchenden Raum zu schaffen und dort gemeinsam mit und von Gott zu reden. Dies wiederum geschieht in der Gegenwart, in jedem Augenblick des Jetzt.

1.3 Gottesbegegnung im Hier und Jetzt – das Ineinander von sichtbarer und unsichtbarer Welt in der Wechselwirkung

Gottes Wort reicht für das Heute. Wie aber zeigt sich das? Und wie wirken sich unsere Entscheidungen in der unsichtbaren Welt aus?

Der Hebräerbrief fordert uns auf, Gottes Reden heute wahr- und ernstzunehmen:

> *Heute, wenn ihr seine Stimme hören werdet, so verstockt eure Herzen nicht.* (Hebr 3,7–8)

Wie klingt dieser Vers in Ihren Ohren? Zugegeben, lange Zeit habe ich versucht, diesen Vers beim Lesen des Hebräerbriefs zu ignorieren. Er kam mir zu nahe, klang bedrohlich und vermittelte mir, ich könnte etwas Entscheidendes verpassen. Das klang anstrengend, das klang nach Druck. Meine Haltung änderte sich entscheidend, als ich den Brief an die Hebräer insgesamt besser verstand. Deshalb werfen wir noch einmal einen Blick auf den Beginn des Briefes:

> *„Nachdem Gott vorzeiten vielfach und auf vielerlei Weise geredet hat zu den Vätern durch die Propheten, hat er in diesen letzten Tagen zu uns geredet durch den Sohn.“* (Hebr 1,1)

Der unbekannte Verfasser betont zu Beginn seines Briefes, dass mit Jesus Christus eine völlig neue Zeit angebrochen ist. Gott hat immer schon mit den Menschen auf unterschiedliche Weise gesprochen. Aber sein Reden durch Jesus Christus reiht sich dort nicht ein. Gott spricht nicht durch einen neuen Propheten, der in Raum und Zeit gefangen ist, sondern durch seinen Sohn, der vor unserer Zeitrechnung da war und nach unserer Zeitrechnung immer noch da sein wird. Der bedrängte Christ hört: Gott hat seit jeher auf kreative Weise zu den Menschen geredet, aber jetzt redet er durch seinen Sohn. Ewigkeit bricht in unsere Zeit hinein.

Wir haben es mit einem Gott zu tun, der redet. Schon im Schöpfungsbericht lesen wir: Gott sprach: „Es werde“, und es geschah genau so, wie er es wollte. Gott redet mit den Menschen im Paradies, Gott bleibt mit den Menschen auch nach dem Sündenfall im Gespräch, Gott wird am Ende der Welt mit jedem Geschöpf ein Gespräch führen. Gott redet. Gott hat in alttestamentlicher Zeit durch seine Propheten geredet, und zwar unglaublich vielfältig: mal durch Bilder, mal durch Gleichnisse, mal durch das Leben des Propheten selbst ... und es ging immer um konkrete Situationen, in denen sich das Volk Israel befand und zu denen sich Gott äußerte. Gott ging es um nichts anderes als darum, sein Volk für sich zurückzugewinnen, es an seine guten Regeln zu erinnern und die Beziehung zu ihm zu erneuern. Hunderte von Jahren ist Gott auf diese Weise seinem Volk begegnet.

Und dennoch schickt er seinen Sohn nicht als einen weiteren Propheten auf die Erde. Gott hätte an dieser Stelle auch das Leben auf der Welt beenden können, aber er tut es nicht. Es liegt ihm daran, den Menschen noch naherzukommen. Gott redet nicht mehr durch seine Geschöpfe, sondern als der Schöpfer selbst – und als dieser Schöpfer wird er selbst Geschöpf. Gott spricht mit den Menschen – ganz selbstverständlich.

In der Seelsorge berichten mir immer wieder Menschen, dass ihre Eltern sie damit bestraft hätten, nicht mehr mit ihnen zu reden. Rückzug wurde zur Höchststrafe. Für das betroffene Kind heißt das, dass die Beziehung zu ihm abgebrochen wird. Ihm wird die nötige Zuwendung entzogen, die es gerade jetzt, wo es etwas angestellt hat, braucht. Kaum eine Strafe ist so nachhaltig negativ prägend für Menschen. Sie lernen: Schuld wird mit Ablehnung verknüpft. Deswegen ist eine holprige oder schlechte Kommunikation immer noch besser als gar keine Kommunikation, weil die Beziehung selbst nicht infrage gestellt wird.

Wie verändert sich durch diese einführenden Gedanken die Sicht auf den eingangs zitierten Vers? Es geht zunächst um die große Zusage: Gott spricht, und zwar heute! Der Verfasser des Hebräerbriefs stellt das Reden Gottes gar nicht infrage. „Wenn" bedeutet hier „immer wenn", also immer wenn Gott mit euch redet, und zwar an jedem Heute, dann sperrt eure Ohren weit auf und richtet euch danach. Der Verfasser ringt um seine Hörer, dass sie ihr Herz nicht verhärten, indem sie ihr Hören auf später verschieben. Das Herz ist im hebräischen Verständnis der Sitz für die Entscheidungen und Motive. Die Hörer, die auf eine nächste Verfolgungswelle zusteuern, brauchen die Aufforderung, sich täglich neu dazu zu entscheiden, dass sie an Jesus festhalten wollen. Diese Aufforderung schenkt Gott in seinem Reden durch den Heiligen Geist auch heute noch. Wir sollen uns gegenseitig in unserem Vertrauen zu Gott ermutigen und aufeinander achten. Dabei liegt die Betonung auf heute, also auf dem täglichen Hören und Vorwärtsgehen. Was für eine Zusage: Gott spricht heute zu uns und er wartet darauf, dass wir in einen Dialog mit ihm treten.

Daneben geht es noch um etwas Zweites, was nicht ganz so offensichtlich ist: Wenn Gott immer „heute" spricht, dann geht es auch um heute und in der Regel nicht um morgen oder um gestern. Sich Gottes Reden heute zu stellen, ist deshalb so wichtig, weil er in seinem Reden morgen möglicherweise eine andere Antwort von uns erwartet. Es geht um heute, um das „Hier und Jetzt", weil Gott ein Gott ist im Hier und Jetzt. Insofern lässt sich der Vers aus Exodus 3,14 auch so übersetzen: „Ich bin, der da jetzt redet." Weil Gott im Hier und Jetzt und zugleich in sichtbarer wie in unsichtbarer Welt zugegen ist, will er uns genau da begegnen.

Das Neue Testament kennt für das Reden und Handeln Gottes in unseren Raum und unsere Zeit hinein einen eigenen Begriff: Mit *Kairos* wird dieser besondere Zeitpunkt bezeichnet, in dem sozusagen sichtbare und unsichtbare Welt im Sein zusammenfallen und eins werden.

FALLBEISPIEL:
Eine meiner Klientinnen hat das Sterben ihres Vaters als eine Vielzahl solcher Momente wahrgenommen, in denen ihr Vater trotz schwerer Alzheimer-Erkrankung Zeit und Gelegenheit bekam, sich auf die Begegnung mit seinem Schöpfer vorzubereiten und ihm dann letztlich auch begegnete. Er starb im Kreis seiner Familie, als ihre Schwester die 3. Strophe des Liedes „Ist Gott für mich, so trete gleich alles wider mich“ anstimmte. Da er diese Welt mit so vielen heiligen Momenten verlassen durfte, ist das in ihren Augen kein ausschließlich privates Ereignis mehr, und es hat bereits viele Menschen trösten können, denen sie ausführlicher davon erzählt hat. Im Kairos wird etwas von Gottes Herrlichkeit im Jetzt sichtbar und verändert es.

„Wie im Himmel so auf Erden“, beten wir im Vaterunser. Wir sehnen uns und erwarten von Gott, dass er seiner Schöpfung viele solcher Momente schenkt. Eine Spannung, in die hinein seelsorgliches Reden und Handeln gestellt ist, liegt darin, dass im Kairos Gottes Wirken in der Ewigkeit auch im Hier und Jetzt spürbar wird, zugleich aber auch unser Reden und Handeln im Hier und Jetzt Auswirkungen auf die Ewigkeit hat. Die beiden für Glaubende miteinander verwobenen Systeme stehen in gegenseitiger Wechselwirkung. Und doch bleibt das, was wirklich in sichtbarer wie in unsichtbarer Welt Gültigkeit hat, unseren Augen noch verborgen.

Was wir jetzt gerade tun, hat auch Bedeutung in der Ewigkeit, genau jetzt.

Doch Ewigkeit beginnt nicht erst, Ewigkeit ist schon immer da. Wir sind lediglich begrenzt von unserer Zeit, sodass wir Dinge nacheinander erleben, und begrenzt von verschiedenen Räumen, sodass wir grundsätzlich ortsgebunden sind.

Was wir als zeitlich nacheinander erleben und an verschiedenen Orten, geschieht in der Ewigkeit dagegen zeit- und ortsgleich. Was bedeutet das nun? Was wir jetzt gerade tun, hat auch Bedeutung in der Ewigkeit, genau jetzt. Wen wir morgen treffen werden oder gestern getroffen haben, hat Auswirkungen auch in der Ewigkeit. Ewigkeit ist jetzt!

Seelsorgliches Reden und Handeln muss daher in dieser Spannung geschehen. Denken Sie daran: Was wir sind und tun, sind und tun wir auf dem Hintergrund der Ewigkeit. Was in Ewigkeit in einem nicht enden wollenden Punkt zeitgleich geschieht, erleben wir im Hier und Jetzt räumlich getrennt und nacheinander. Es wäre heute eine komplette Überforderung, wäre das alles zeitgleich und ohne räumliche Distanz. Aber es schmerzt, weil wir uns dauernd verabschieden müssen – räumlich und/oder zeitlich. Und die Sehnsucht im Herzen bleibt, weil wir uns danach sehnen, dass diese Trennung aufgehoben wird. Auch dieser Aspekt der Ewigkeit ist in unsere Herzen gelegt.

Doch gibt es eine sehr deutliche Einschränkung: Nicht alles, was wir erleben und tun, hat Ewigkeitswert. Das Gleichnis vom Unkraut auf dem Acker lässt sich auch so auslegen:

> *Das Himmelreich gleicht einem Menschen, der guten Samen auf seinen Acker säte. Als aber die Leute schliefen, kam sein Feind und säte Unkraut zwischen den Weizen und ging davon. Als nun die Saat wuchs und Frucht brachte, da fand sich auch das Unkraut. Da traten die Knechte zu dem Hausvater und sprachen: Herr, hast du nicht guten Samen auf deinen Acker gesät? Woher hat er denn das Unkraut? Er sprach zu ihnen: Das hat ein Feind getan. Da sprachen die Knechte: Willst du denn, dass wir hingehen und es ausjäten? Er sprach: Nein! Damit ihr nicht zugleich den Weizen mit ausrauft, wenn ihr das Unkraut ausjätet. Lasst beides miteinander wachsen bis zur Ernte; und um die Erntezeit will ich zu den Schnittern sagen: Sammelt zuerst das Unkraut und bindet es in Bündel, damit man es verbrenne; aber den Weizen sammelt mir in meine Scheune.* (Mt 13,24–30)

Jesus vergleicht das Reich Gottes mit einem Acker. Da wird zunächst guter Samen gesät und über Nacht kommt der Same einer Wucherpflanze dazu. Nun wollen die Knechte die Wucherpflanze sofort ausreißen. Jesus warnt davor und begründet das damit, dass das Gute mit ausgerissen werden könnte. Denn, wenn die Pflanzen noch klein sind, kann man sie kaum unterscheiden.

Erst, wenn die Erntezeit anbricht, kann man genau sehen, was gut und was schlecht ist, und beides voneinander trennen. Das Gleichnis lässt sich in manche Richtungen auslegen, aber es hat auch eine persönliche Dimension. Christen, die dem Reich Gottes angehören, können in der Regel nicht unterscheiden, was wirklich Ewigkeitswert hat, also in Ewigkeit getan ist, und was einmal umkommen wird. Manche Dinge sehen vielleicht für uns gut aus, „gesegnet", z. B. weil jemand in dem, was er tut, erfolgreich ist. Denken wir an einen großartigen Redner, einen Gemeindegründer, eine Missionarin ... Aber wir kennen nicht die Ewigkeitsperspektive. Manche Dinge, die in unseren Augen gut aussehen, sind vielleicht aus der Ewigkeitsperspektive gar nicht so groß und wertvoll. Andere Dinge, die wir kaum wahrnehmen, die für uns unscheinbar sind, die wir selbst kaum beachten, haben vielleicht großen Wert für die Ewigkeit. Manche vielleicht gar keinen. Der wichtige Gedanke dabei: Wir wissen es letztlich nicht. Dieser Gedanke kann beängstigen.

Manche Dinge, die in unseren Augen gut aussehen, sind vielleicht aus der Ewigkeitsperspektive gar nicht so groß und wertvoll.

Ich bin allerdings davon überzeugt, dass es mehr darum geht, dass Gott uns in eine große Freiheit stellt. Er gibt uns keine Schablone in die Hand, mit der wir die richtigen Dinge ausmessen können. Wir können Früchte sehen, aber ob es „die" Früchte sind, die wirklich zählen, das wissen wir letztendlich nicht. Der Fokus in diesem Gleichnis liegt auf Jesu Gelassenheit. Er rechnet mit Lebensbrüchen und mit Scheitern genauso wie mit „erfolgreichem" Handeln und Sein. Er ist mitten drin in dem Gewordensein. Jesus ist dafür gestorben und er hat in das Komplettpaket Schuld und Misserfolge bereits einkalkuliert. Wir sind, um im Bild zu bleiben, alle unvollkommene Äcker, wo alles Mögliche wächst. Und doch sind wir in Gottes Augen vollkommen, weil Jesus uns durch seinen Tod vollkommen macht. Deshalb müssen wir auch die Wucherpflanzen in unserem Leben nicht fürchten. Wir können diese Spannung nicht aufheben: Die Spannung zwischen dem Wunsch und dem Anspruch nach

Vollkommenheit, nach Frucht ohne Unkraut und dem tatsächlichen, realen Acker, der so unglaublich unvollkommen ist und mit unserem Gewordensein auskommen muss. Aber der Raum des Christseins spannt sich genau hierin auf: In dem Wunsch nach Vollkommenheit und in der Akzeptanz unseres Gewordenseins. In dieser Spannung zu leben, dazu sind wir berufen, in dieser Spannung zu bleiben, das bedeutet Nachfolge.

2. Wirklichkeitskonstruktionen: Spannungen aushalten

2.1 Vom Reden und Hören – Offenbarung und Wirklichkeit

Vor einiger Zeit habe ich an einer Tagung zum pferdegestützten Coaching teilgenommen. Dabei arbeitet man in der Regel vom Boden aus in der Triade Coach, Coachee und Pferd. Mein erstes pferdegestütztes Coaching im Rahmen der Weiterbildung führte ich mit einer anderen Teilnehmerin in einem Rollenspiel durch. Ich war der Coach und sie war meine Coachee, eine Personalberaterin, die sich besser wahrnehmen lernen wollte. Ihr Auftrag war, für sich herauszufinden, ob sie der Wahrnehmung, die sie bei der Einstellung von Personal hat, vertrauen kann. Da es mein erstes Coaching zusammen mit einem Pferd, einer sensiblen Stute, war, war ich entsprechend angespannt, ob ich an alles denke und „die Sitzung" vor den übrigen Teilnehmern so klappt, wie geplant. In dem Übungspart zu dritt nahm die Stute nun meine Anspannung wahr und verhielt sich entsprechend aufgeregt. Meine Coachee konnte dadurch ihre Wahrnehmung meiner Nervosität mit dem Verhalten der Stute abgleichen und kam zu dem Ergebnis, dass sie ihrem Bauchgefühl gut trauen kann.

Bei der Auswertung allerdings berichtete sie für mich überraschend von einigen Sätzen, die sie von mir gehört hatte, von denen ich mir ganz sicher war, dass ich sie nie gesagt hatte. Unsere Ausbilderin erlebte den gleichen Sachverhalt noch einmal anders. Wer also hatte recht? Keine von uns dreien würde aufgrund dieser Unstimmigkeit behaupten, die Begegnung hätte nicht stattgefunden, wir würden nicht über dieselbe Übung oder die eingesetzte Stute streiten, mit der wir gearbeitet hatten. Dennoch hatten wir schon eine Viertelstunde nach Beendigung unserer „Sitzung" vermeintlich andere Dinge erlebt. Wie war das möglich?

Wir alle nehmen selektiv wahr, d. h. unser Gehirn fokussiert sich auf bestimmte Dinge und sortiert anderes aus. Es handelt dabei nach ihm bekannten Mustern, denn es ist so konstruiert, dass es versucht, möglichst viel Energie zu sparen. Dies umso mehr, je höher unser aktueller Stresslevel ist, z. B. weil wir – wie es bei mir in diesem Fall war – dabei sind, Neues zu lernen. Es sucht also nach bekannten Sätzen, Handlungs- oder Persönlichkeitsmustern – kurz, nach solchen Dingen, die es bereits schon kennt und zu denen es das Neue gut zuordnen und damit verknüpfen kann. Anderes blendet es aus. Dementsprechend sind wir mit unserer Aufmerksamkeit vor allem bei den Dingen, die sich mit unserer Persönlichkeit, mit dem, was uns aktuell gerade beschäftigt, mit dem, was wir an uns überhaupt wahrnehmen können, am besten in Zusammenhang bringen lassen. Das, was zwischen uns Menschen geschieht, verbindet jeder Einzelne mit seiner eigenen aktuellen Befindlichkeit und erlebt dadurch seine eigene Wirklichkeit. So konstruieren wir unsere eigene Wahrheit, ohne dass wir infrage stellen, dass Ereignisse tatsächlich stattgefunden haben. Aber sie enthalten grundsätzlich unsere ganz eigene Sichtweise. Wir schauen sozusagen durch unsere eigene Lebensbrille auf die Welt und auf das, was wir in ihr erleben.

Sie kennen das von Zeugenaussagen: Drei Leute haben einen Unfall gesehen und trotzdem können die Schilderungen dazu sich deutlich voneinander unterscheiden. Bis dahin, dass beispielsweise Autofarben oder Personenanzahlen variieren. Polizisten halten solche Zeugenaussagen eher für wahrhaftig. Sie werden stutzig, wenn drei Leute dasselbe erzählen. Denn so klingt es viel mehr nach Absprache, auch wenn es im ersten Augenblick so aussieht, als ob diese drei sehr wahrheitsgetreu berichten.

In Bezug auf Glaubensaussagen oder Aussagen in der Bibel hat mir diese Sicht lange Zeit sehr viel Mühe gemacht. Gott gefällt es, seine Wahrheit, die uns nur aus seiner Wirklichkeit heraus erreicht, mit unserer Geschöpflichkeit zu verbinden. Genauso wie sich Jesus nicht zu schade war, ganz Mensch zu werden und sich mit dem Irdischen zu verbinden bis hin zu seiner eigenen Hinfälligkeit und seinem Tod, genauso gefällt es Gott, sein aufgeschriebenes Wort mit der Geschöpflichkeit seiner Autoren zu verknüpfen. So schenkt er uns vier verschiedene Evangelien, die sich alleine dadurch voneinander unterscheiden, dass sie von unterschiedlichen Autoren an verschiedene Zielgruppen mit einer jeweils anderen Absicht verfasst wurden. Dazu erzählen sie Begebenheiten in ihrer Reihenfolge und aus ihrem Blickwinkel bzw. aus dem Blickwinkel dessen, von dem sie sie gehört haben. Die Spannungen, die beim Lesen der Evangelien entstehen, sind nicht dazu aufgeschrieben worden, um von uns aufgelöst und harmonisiert zu werden, sondern um in dieser Vielfalt und Unterschiedlichkeit Gottes Anderssein nachzubuchstabieren.

> **Seelsorgerliches Reden und Handeln bleibt immer im Kontext der Wirklichkeitskonstruktionen des Seelsorgers und des Ratsuchenden.**

So finden wir in den biblischen Büchern zu vielen Themen ein „Sowohl – als auch“, wie z. B. bei den Fragen, ob Gott Schritt für Schritt führt oder uns in eine völlige Freiheit stellt, oder ob Gott unser Gebet braucht, um handeln zu können, oder ob er völlig frei davon ist. Es gibt Bibelstellen, die eher davon sprechen, dass alle Menschen gerettet werden, und andere, die das Gegenteil besagen. Unsere Logik kommt hier an unsere Grenzen und doch liegt Gottes Sichtweise eher in zweimal hundert Prozent.

Seelsorgliches Reden und Handeln bleibt immer im Kontext der Wirklichkeitskonstruktionen des Seelsorgers und des Ratsuchenden. Es ist und bleibt eine Herausforderung des Seelsorgers, sich auf die Wahrheit des Ratsuchenden einzulassen, zugleich in die eigene Wahrheit einzuladen und doch immer wieder miteinander fragend zu bleiben, welche andere Wahrheit Gott von außen in das Gespräch einbringen will. Nicht nur der Ratsuchende, auch ein so hinhörender Seelsorger wird erleben, wie sich seine Wirklichkeitskonstruktion mit jedem Seelsorgegespräch verändern wird und sein Gottesbild facettenreicher wird.

Heute tun sich z. B. die meisten Menschen schwer damit, dass Gott sich in Teilen des Alten Testaments so kriegerisch zeigt. Wir sind sicher gut beraten, dass wir heute davor abgeschreckt sind, Vernichtungskriege zu führen – obwohl die letzte Periode in der deutschen Geschichte ja leider erst siebzig Jahre zurückliegt. Auch glauben wir nicht mehr in der Weise, wie die Menschen im Mittelalter. Manchmal lesen wir, dass sich der Glaube weiterentwickelt hat und damit auch das Gottesbild höher entwickelt ist. Ich persönlich bin davon überzeugt, dass Gott die unterschiedlichen Zeitalter dazu benutzt, um einen Teil von sich deutlicher zu offenbaren als andere. Nur Mose hatte einmal die Gelegenheit, Gott in seiner Vielfalt zu sehen (Ex 33,18ff). Doch diese Begegnung wurde durch zwei Auflagen begrenzt: Er durfte Gott nur hinterhersehen, als er an ihm vorbeigezogen war, und er konnte Gottes Herrlichkeit nur nach und nach betrachten, weil er in einer Felskluft stand und Gottes Hand sein Gesichtsfeld stark einschränkte.

Gottes Vielfalt zeigt sich z. B. in den verschiedenen Zeitaltern und nur das Gesamtbild kommt der Wirklichkeit von dem, wer und was Gott ist, näher. Jede Zeit hat ihre eigene Herausforderung, von Gott zu reden und Gottes Reden wahrzunehmen, und jede verdient unsere Wertschätzung. Das ist auch der Grund, weshalb ich die Rede von dem – meist negativ betrachteten – Zeitgeist für einseitig halte. Sie verstellt den Blick dafür, dass wir Geschöpfe sind, die von diesem Geist der Zeit geprägt sind, und es in seiner Ablehnung verpassen, sprachfähig in dem zu werden, was wir glauben.

Vielleicht sollen wir uns auch deshalb kein Bild von Gott machen, weil wir in jeweils unserer Zeit immer nur wenige Aspekte begreifen, die eben auch von unserer Zeit, unserem Erleben und unserer Persönlichkeitsstruktur abhängig sind. Unser Glaubensstil ist viel stärker von unserem Sein und Gewordensein abhängig, als uns womöglich lieb ist. Durch die starke Individualisierung in der Postmoderne finden sich deshalb immer mehr Menschen gleichen Persönlichkeitsstils in den verschiedenen Kirchen. Dies trifft besonders auf die freikirchliche Landschaft zu. Personen mit hohen emotionalen oder unkonventionellen Persönlichkeitsanteilen finden sich z.B. eher in charismatischen, solche mit hohen traditionellen oder bodenständigen Anteilen eher in konservativen Gemeinden.

Das stärkste Argument dafür, dass wir dazu aufgefordert sind, ein „Sowohl – als auch“ wahrzunehmen, statt es in ein „Entweder – oder“ aufzulösen, liegt in der Offenbarung Gottes selbst: Er, der sich als heilig und rein beschreibt, ist sich nicht dafür zu schade, mit dem Unheiligen und Unreinen in Berührung zu kommen. Das Bild von der Sühne, die Gott auf sich selbst nimmt – sei es im Tempel oder durch Jesus Christus selbst – beschreibt einen Gott, der die Sünde in sich selbst aufsaugt und dadurch begleicht. Oder anders ausgedrückt: Gott wohnt in unserer Dunkelheit und erhellt sie dadurch. (Teil II.3.3)

2.2 Von Bibelversen und bildhaften Eindrücken: Gottes Reden in der Seelsorge

Sind Sie entscheidungsstark? Können Sie schnell Situationen analysieren, Kosten und Konsequenzen abwägen und auch dann den nächsten Schritt gehen, wenn der Erfolg noch nicht absehbar ist? Oder wägen Sie gerne alles mehrfach ab, holen verschiedene Meinungen ein und sorgen sich um ein mögliches Scheitern?

Wir sind von Gott ins Leben hinein ge- und berufen. Ins Leben hinein heißt, sich einem großen Abenteuer mit ungewissem Ausgang zu stellen. Es schließt Brüche, Scheitern, Versagen und falsche Entscheidungen mit ein. Es bedeutet, Dinge auszuprobieren, sich auf Ideen einzulassen, die sich später auch als falsch herausstellen können. Auch Umwege sind eingeschlossen. Wir leben mit und in einer Vieldeutigkeit und hätten es gerne eindeutig: „Gott hat zu mir gesagt.“ Kurz, wir hätten so gerne so etwas wie ein Erlebnis, wie es Mose an dem brennenden Dornbusch hatte. Doch wer von uns ist eigentlich schon 80 Jahre oder älter? Wenn Sie noch keinen brennenden und zugleich nicht verbrennenden Dornbusch in Ihrem Leben gesehen haben, liegt es möglicherweise allein schon daran, dass Mose bereits 80 Jahre alt war, als er dazu berufen wurde, Israel aus Ägypten zu retten. Doch die Sehnsucht bleibt: Kann Gott nicht einfach

Die Bibel, vor allem das Alte Testament, ist in erster Linie ein Buch, das von Gottes großem Schweigen erzählt.

eindeutig reden? Sicher, er kann, und manchmal geschieht dies auch. Aber gemessen an unserem ganzen Leben ist das eher selten. Übrigens war es auch so bei Mose. Wenn Sie die Stellen in der Bibel zusammenzählen, in denen Gott mit Mose von Angesicht zu Angesicht sprach, und diese dann durch seine Lebensjahre teilen, dann entstehen auf einmal große Lücken. Nehmen Sie Abraham und das Bild bleibt dasselbe. Die Bibel, vor allem das Alte Testament, ist in erster Linie ein Buch, das von Gottes großem Schweigen erzählt. Und zwar nicht, weil Gott sich unserer entzieht, sondern weil aus seiner Sicht alles gesagt oder besser offenbart ist, was Menschen zu dem jeweiligen Zeitpunkt wissen sollten: Sie sind in eine Beziehung mit ihm in Ewigkeit berufen.

Das bedeutet: Gott ist da und Gott geht mit – wohin auch immer wir uns bewegen mögen. Gott hat viel weniger Berührungsängste vor dem Leben, als wir es oft haben. Schon Salomo wusste das. Als der Tempel fertiggestellt war, drückte er es mit dem Vers aus, den ich für bezeichnend halte, wenn wir über Seelsorge nachdenken:

> *Gott will im Dunkeln wohnen.* (1 Kö 8,12)

Gott lässt sich ein auf unsere Dunkelheit, auf unser Schuldigwerden, auf unser Scheitern.

Schauen wir uns an, wo Jesus mit der größten Selbstverständlichkeit hingegangen ist. Er war sich nie zu schade, sich auf Menschen einzulassen mit ihrem Versagen, ihrer Gebrochenheit und ihrer Schuld. Jesus hat sich in seiner Vollkommenheit auf unser vieldeutiges Leben eingelassen, in dem wir oft die Wahl haben zwischen schlecht und schlechter oder auch zwischen gut und besser. Wie auch immer wir uns entscheiden, er hat sich dazu entschieden, an unserer Seite zu sein! Er setzt sich mit dazu, er ist mitten drin und er sagt: „Dafür bin ich gestorben.“ In seinen Augen sind Sie und ich vollkommene Menschen. Wir brauchen uns nicht davor zu scheuen, Fehler zu machen, denn die hat er längst schon mit eingerechnet. Selbst unser Schuldigwerden ist längst beglichen.

Wir bekommen nicht unbedingt unser Dornbusch-Erlebnis, um genau zu wissen, was zu tun ist. Zwar gibt es so etwas in der Art auch. Aber es bleibt eher die Ausnahme. Meistens sind wir dazu aufgefordert, unsere Berufung in dem zu entdecken, wo wir gerade sind und stehen.

Ein gutes Beispiel dafür ist ein Buch in der Bibel, in dem Gott überhaupt nicht erwähnt wird, das Buch Ester. Dennoch ist Gott in jeder Faser dieser Geschichte präsent. Der persische König Xerxes ist der mächtigste Herrscher der damaligen Welt im 5. Jahrhundert vor Christus. Als er seine Frau Waschti verstoßen hat, macht er die Jüdin Ester an ihrer Stelle zur Königin. Als Haman, ein mächtiger Mann am Hof des Königs, die Juden im ganzen Reich vernichten will, muss Ester eine Entscheidung treffen. Sie lautet: Bin ich zufällig an dieser Stelle als Königin gelandet oder ist das meine Berufung, damit ich mein Volk rette? Interessanterweise erhält sie auf diese Frage keine Antwort. Nachdem sich die ehemalige Königin Waschti dem Befehl ihres Mannes verweigert hat, ist es gefährlich für eine Frau, sich unaufgefordert dem König zu nähern. Das weiß Ester. Es könnte ihr ebenfalls als frech und ungehorsam ausgelegt werden. Das wäre ihr Todesurteil. Dennoch ist sie gewillt, diesen Schritt zu wagen. Ein Höhepunkt des Buches ist ihre Aussage „Komme ich um, so komme ich um“. Alles, was sie erbitten kann von ihrem Volk, ist, dass es drei Tage für sie betet und fastet. Doch das ist keine Garantie. Wir wissen, dieser König handelt willkürlich. Ester sieht in ihrer Stellung ihre besondere Berufung zu diesem Zeitpunkt. So tritt sie todesmutig vor den König und findet Gehör. Sie kann durch ihre Tat ihr Volk tatsächlich retten. Aber es kam zu keinem Zeitpunkt eine Stimme vom Himmel und sie hat auch keinen brennenden Dornbusch gesehen. Sie hat die Zeichen der Zeit erkannt, hat ihre Ressourcen wahrgenommen und alles in die Waagschale geworfen, um die Chance zu erlangen, dass ihr Volk gerettet wird.

Wir bekommen nicht unbedingt unser Dornbusch-Erlebnis, um genau zu wissen, was zu tun ist. Meistens sind wir dazu aufgefordert, unsere Berufung in dem zu entdecken, wo wir gerade sind und stehen.

Die Vieldeutigkeit ihrer Handlungsmöglichkeiten wird erst im Ergebnis eindeutig: Ester hat es geschafft. Und doch ist sich ihr Vormund Mordechai sicher: Wenn Ester sich nicht darauf eingelassen hätte, beim König um Gnade zu flehen, hätte es eine andere Rettungsmöglichkeit für das Volk gegeben. Mordechai verrennt sich nicht in dem Gedanken, wenn dieser eine Rettungsweg nicht funktioniert, ist alles verloren. Er hat begriffen, dass unser Leben vieldeutig ist, dass es oft mehrere Wege gibt.

Um den Gedankengang noch ein wenig komplexer zu machen, schauen wir in den Hebräerbrief, wo der Verfasser am Ende der Aufzählung von vielen Glaubenszeugen schreibt:

> *Diese (Glaubenszeugen) haben durch den Glauben Königreiche bezwungen, Gerechtigkeit geübt, Verheißungen erlangt, Löwen den Rachen gestopft, des Feuers Kraft ausgelöscht, sind der Schärfe des Schwerts entronnen, aus der Schwachheit zu Kräften gekommen, sind stark geworden im Kampf und haben fremde Heere in die Flucht geschlagen. Frauen haben ihre Toten durch Auferstehung wiederbekommen. Andere aber sind gemartert worden und haben die Freilassung nicht angenommen, damit sie die Auferstehung, die besser ist, erlangten. Andere haben Spott und Geißelung erlitten, dazu Fesseln und Gefängnis. Sie sind gesteinigt, zersägt, durchs Schwert getötet worden; sie sind umhergezogen in Schafpelzen und Ziegenfellen; sie haben Mangel, Bedrängnis, Misshandlung erduldet. Sie, deren die Welt nicht wert war, sind umhergeirrt in Wüsten, auf Bergen, in Höhlen und Erdlöchern. Diese alle haben durch den Glauben Gottes Zeugnis empfangen und doch nicht erlangt, was verheißen war, weil Gott etwas Besseres für uns vorgesehen hat; denn sie sollten nicht ohne uns vollendet werden.* (Hebr 11,33–40)

Auch für die hebräischen Christen in der zurückliegenden und der bevorstehenden Verfolgungszeit ist es wichtig zu wissen, dass Gott vieldeutig mit ihrem Leben umgeht. Weder eine übernatürliche Rettung noch ein Tod als Märtyrer sind vorhersagbar und keine Handlung wiegt mehr als eine andere. Ester hätte sterben können, und doch wäre Gott in seinem Handeln mit seinem Volk nicht gescheitert. Wir können aus besonders glücklichen

Ausgängen nicht einfach auf Gottes Segen schließen, wie auch nach besonders schlimmen Ausgängen nicht auf seine Strafe oder unser Scheitern.

Selbst wenn Menschen prophetisch reden oder wir Eindrücke und Bilder haben: Wir bleiben in unserem Interpretationsrahmen und verknüpfen das Gehörte und Gesehene mit unserer eigenen Wahrnehmung der Wirklichkeit. So schwer es mitunter ist, das ist eine Herausforderung, in die wir gerade als Seelsorger gestellt sind. Doch genau dadurch kann unser Glaube und der unserer Ratsuchenden wachsen.

Der Hebrärerbrief spricht in Kapitel 5,11–14 davon, dass unser Glaube erwachsen werden soll. Dass wir nicht nur Milch, sondern auch feste Speise zu uns nehmen sollen. Milch ist die Nahrung von Säuglingen und Kleinkindern, feste Speise die von Erwachsenen. Als Kinder heben wir unsere Augen auf zu unserem Vater, erbitten von ihm im kindlichen Glauben, dass er sich kümmert und für uns sorgt. Dieser Glaube ist wichtig und es ist nicht die einzige Art zu glauben. Jesus nennt uns auch seine Freunde oder Freundinnen. Die Bibel fordert uns auf, unseren Verstand einzuschalten. Wir sind als glaubende Menschen in eine Eigenverantwortlichkeit berufen. Auch hier ist eine Spannung, ein „Sowohl – als auch", das wir nicht auflösen dürfen: Auf der einen Seite als abhängige, erwartungsvolle Kinder darum zu bitten, dass der Vater sich kümmert, auf der anderen Seite als mündige, eigenverantwortliche Glaubende unsere Berufung zu ergreifen und uns in diese Welt einzubringen, ohne vielleicht schon konkret Gottes Stimme vernommen zu haben. Wir sind als reife Christen aufgefordert, das zu tun, was vor unseren Füßen liegt. Lösen wir auch diese Spannung nicht auf, sondern nehmen wir in ihr den Raum zum Leben ein, der sich aus ihr ergibt. Sich in der Nachfolge Jesu weiter zu entfalten heißt auch, jeden Tag neu zu entdecken, wie der Raum zwischen Kind Gottes und Freund oder Freundin Gottes für diesen Tag, für diesen Augenblick einzunehmen ist. Im nächsten Moment, am nächsten Tag kann das anders aussehen. Sich immer wieder so neu auf diesen Gott einzulassen, das bedeutet letztlich, sich kein Bild von Gott zu machen, sondern täglich neu lernen zu wollen.

Und so, wie Gott uns auffordert, sich täglich neu auf ihn einzulassen und ihn zu entdecken in unserem Alltag, in der Spannung zwischen kindlichem Vertrauen und verantwortlichem Handeln, so lässt sich Gott auch auf uns ein. Er hat kein Umtauschrecht für sich ausgehandelt. Wir sind Ware mit Mängeln und trotzdem teuer erkauft und deshalb in Gottes Augen ohne jeden Makel. Daher können wir uns Fehler leisten, Schuld begehen, straucheln und fallen. Das bedeutet Gnade. Sie ist die Folie, auf der wir unser Leben gestalten dürfen, auf der wir es wagen dürfen, uns zu entfalten, auf der wir Schritte ausprobieren können, die sich möglicherweise als Fehlschritte erweisen und die Gott dennoch nicht davon abhalten, mit uns an sein Ziel zu kommen.

Seelsorgliches Reden und Handeln greift auch diese Spannung auf, ohne sie aufzulösen.

2.3 *Das ist ja unerhört! Wenn Gebete ratlos machen*

Es war ein wunderschöner geselliger Abend, zu dem ein pensionierter Pastor eingeladen hatte, um mit Atheisten und Christen über den christlichen Glauben zu diskutieren. Die Argumente flogen hin und her und einige Christen bezeugten den Wahrheitsgehalt ihres Glaubens mit für sie unglaublichen Gebetserhörungen. Woraufhin eine sehr engagierte Atheistin dagegenhielt, dass sie für diese wunderbaren Ereignisse andere Erklärungsmuster habe und sie diese Erfahrungen nicht davon überzeugen würden, an Gott zu glauben. Nun, da hatte sie recht.

Glaubenserfahrungen aufgrund von Gebet sind letztlich auch Wirklichkeitskonstruktionen; innerhalb einer Glaubenswirklichkeit machen sie Sinn. Diese Wirklichkeit können Christen bezeugen, überzeugen wird nur Gott selbst, wenn er Menschen aus seiner Wirklichkeit heraus begegnet und sich offenbart. Doch auch dann bleibt unser Erkennen – auch das, wie Gott sich zu unseren Gebeten stellt – immer Stückwerk und Interpretation. Verstehen und einordnen werden wir erst, wenn wir Zeit und Raum verlassen und in Gottes Welt eintreten.

Das soll uns aber nicht davon abhalten, zu beten und Gott gerade auch im seelsorglichen Bereich alles zu bringen, was uns auf der Seele brennt. Im Gegenteil: Wir sollten Gebet nicht reduzieren auf erhörte und unerhörte Gebete, denn wir selbst sind vor Gott ein lebendiges Gebet, da der Heilige Geist in uns wohnt und durch uns unablässig betet, auch da, wo uns die Worte fehlen.

> *Weil wir denn nun, liebe Brüder, durch das Blut Jesu die Freiheit haben zum Eingang in das Heiligtum, den er uns aufgetan hat als neuen und lebendigen Weg durch den Vorhang, das ist: durch das Opfer seines Leibes, und haben einen Hohenpriester über das Haus Gottes, so lasst uns hinzutreten mit wahrhaftigem Herzen in vollkommenem Glauben, besprengt in unsern Herzen und los von dem bösen Gewissen und gewaschen am Leib mit reinem Wasser.* (Hebr 10,19–22)

Das bewusst gesuchte Gespräch mit Gott knüpft an das unablässige Reden des Heiligen Geistes in uns an und lässt uns in den Tempel Gottes treten, so wie er im Heiligen Geist unseren Raum betritt. So können unsere Gebete gar nicht an der Zimmerdecke hängen bleiben, auch wenn wir uns vielleicht so fühlen, weil wir in Christus bereits in der unsichtbaren Welt, mehr noch im Allerheiligsten vor Gottes Thron verankert sind. Gebet ist deshalb mehr als Bitten, Fürbitten, Danken oder Anbetung: Es sucht Gott selbst.

Dass Gebet eine viel größere Bedeutung hat, macht uns auch Johannes in seiner Offenbarung klar, wenn er davon spricht, dass das Räucherwerk im Tempel Gottes aus den Gebeten der Menschen besteht. (Offb 5,8; 8,3–4) Gebete sind somit ein Räucheropfer, an dem Gott sich freut.

Als ich mich vor einigen Jahren für ein Seminar mit den Sinnesorganen und was sie mit unserem Glauben zu tun haben, beschäftigt habe, fiel mir auf, wie sehr das Riechen eine wesentliche Rolle spielt, wenn es um Leben und Tod geht. Unsere Nase atmet den Lebensodem Gottes ein und aus (Gen 2,7) und so erhält er uns am Leben. So können wir uns vorstellen, dass wir mit jedem Atemzug Gottes Gegenwart einatmen und beim Ausatmen ein Gebet an ihn zurückschicken.

Paulus schreibt im Römerbrief, dass der Heilige Geist in uns seufzt (Rö 8,26), weil wir keine richtigen Worte finden. Seufzen können wir nur, wenn wir ausatmen.

Im Alten Testament gab es für den schützenden und lebenserhaltenden Geruch das tägliche Räucherwerk, das aus bestimmten festgelegten Substanzen zusammengemischt und auf dem Altar im Heiligsten verbrannt wurde. Einmal im Jahr wurde es auch vom Hohepriester in das Allerheiligste gebracht und dort verbrannt. Die Wolke sollte den Gnadenstuhl, sprich die Bundeslade mit den darauf thronenden Cherubim, umhüllen (Teil II.3.3). Mit diesem Wohlgeruch erinnerte das Volk Israel sich und Gott daran, dass er ihm gnädig ist, es beschützt und am Leben erhält. Paulus redet im Epheserbrief davon, dass Christus dieser Wohlgeruch ist bzw. im Korintherbrief, dass wir selbst es sind, da wir zu Christus gehören. Unsere Gebete sind demnach also das Räucherwerk, das vor Gott aufgeht und über Leben und Tod entscheidet. Damit wird deutlich, dass unser Gespräch mit Gott in einem viel größeren Zusammenhang zu sehen ist, als in unseren persönlichen Anliegen. Wir selbst sind Gebet.

Schon Luther litt unter dem verborgenen Gott, der nicht nahbar ist, sondern sich anscheinend den Glaubenden entzieht.

Damit werden auch Gottes vermeintliches Schweigen und unerhörte Gebete in ein anderes Licht gestellt. Schon Luther litt unter dem verborgenen Gott, der nicht nahbar ist, sondern sich anscheinend den Glaubenden entzieht. Auch hier ist eine Spannung, die wir nicht auflösen dürfen. Neben Gottes barmherziger Nähe gibt es auch eine heilige, dunkle Seite Gottes, zu der wir keinen Zugang haben und die uns verborgen bleibt. Wir ahnen manchmal etwas davon in herausragender Schönheit, aber vor allem in überwältigendem Schmerz. Wenn wir im Leid vor Gott treten und keine Antwort auf unsere Fragen finden. Oder den Eindruck haben, dass der Himmel für unsere Gebete verschlossen ist.

Das kann ein furchtbarer Zustand sein, den Gott uns da zumutet und zugleich zutraut, und stellt eine große Herausforderung an das seelsorgliche Gespräch dar. Hier gilt es ganz besonders, sich mit dem Ratsuchenden in dessen Dunkelheit zu setzen, in der Gott schon längst mit ihm sitzt, und sich behutsam gemeinsam daran abzuarbeiten, dass selbst Jesus diese Unerhörtheit nicht erspart geblieben ist.

> *Und er hat in den Tagen seines irdischen Lebens Bitten und Flehen mit lautem Schreien und mit Tränen dem dargebracht, der ihn vom Tod erretten konnte; und er ist auch erhört worden, weil er Gott in Ehren hielt. So hat er, obwohl er Gottes Sohn war, doch an dem, was er litt, Gehorsam gelernt.* (Hebr 5,7–8)

Diese Verse aus dem Hebrärerbrief beziehen sich auf das Gebet Jesu in Gethsemane, wo er mit Gott darum rang, nicht sterben zu müssen. Doch Gott hat ihn anscheinend nicht erhört, sondern qualvoll sterben lassen. Wie kann dann der Autor des Hebräerbriefs von einer Gebetserhörung sprechen? Sie bezieht sich auf den weiteren Teil des Gebetes Jesu „Nicht wie ich, sondern wie du willst“ und erhellt uns, dass Jesus in dieser schweren Nacht seinen Willen in Gottes Willen umformen ließ und dadurch bereit wurde, die schwere Last aller Menschen Schuld auf sich zu nehmen und zu sterben. Bei diesem Gebet ging es buchstäblich um Leben und Tod, und zwar aller Menschen, und so wurde Christus zum Wohlgeruch Gottes.

Möglicherweise geht es Gott bei anscheinend unerhörten Gebeten um viel mehr als nur um den kleinen Radius, den wir überblicken können. Vielleicht geschehen bei der Umformung unserer Gebete in seinen Willen Dinge in der unsichtbaren Welt, die wir nicht erfassen, die aber lebensspendend sind. Christus lebt, er ist nicht gestorben, nicht in der unsichtbaren Welt, sondern in Raum und Zeit.

So werden auch manche unserer Gebete „nur“ in der Ewigkeit erhört. Mit das Schmerzlichste neben unerhörten Gebeten sind die, von denen wir fest davon überzeugt sind, dass wir das Erbetene im Hier und Jetzt empfangen werden. Neben dem Aspekt, dass wir auch bei diesen Gebeten unsere Wirklichkeit konstruieren, sodass Hörfehler natürlich immer möglich sind, besteht auch der, dass wir manche Dinge erst in der Ewigkeit empfangen werden, aber nicht in Zeit und Raum. So wird eine Sehnsucht im Hier und Jetzt entfacht und in uns wachgehalten, die ebenfalls über Zeit und Raum hinausweist auf eine andere Wirklichkeit.

Seelsorgliches Reden und Handeln sollte in solchen Fragestellungen besonders sensibel hinhörend mit dem Ratsuchenden und mit Gott ringen, denn an solchen Fragestellungen wird die Beziehung zu Gott besonders zerbrechlich. Gleichzeitig besteht die große Chance, dass sich das Bild von Gott verändern darf und etwas Neues für den Glaubenden sichtbar wird.

3. Die Triade zwischen Schöpfer, Schöpfung und Geschöpf

3.1 Beziehungen zwischen Schöpfer, Schöpfung und Geschöpf

Im letzten Abschnitt ging es schon viel um Wirklichkeitskonstruktionen. So wie wir die Welt sehen, was wir sagen oder wie wir Dinge erleben – es hat immer auch mit uns zu tun. Der Kommunikationspsychologe Friedemann Schultz von Thun hat davon gesprochen, dass jedes Wort, das wir sagen oder wie wir es hören, immer auch eine Selbstaussage beinhaltet. Egal, ob Sie Ihrem Chef einen sachlichen Zwischenbericht präsentieren, an ein Familienmitglied appellieren, sein Verhalten zu ändern, oder gerade einem Menschen Ihre Gefühle offenbaren – Sie sagen immer auch etwas über sich selbst.

Dies mag uns ärgern oder erstaunen, letztlich hat es damit zu tun, dass wir Geschöpfe sind. Wir wurden von einem Schöpfer erdacht, der beschlossen hat, in jeden Menschen eine Selbstaussage von sich selbst zu legen. Die Bibel nennt das, dass wir als Gottes Ebenbilder erschaffen wurden. Wer Sie sind in Ihren Gaben, Ihrer Persönlichkeit oder Ihrem Wesen, Sie erzählen dadurch etwas vom Wesen Gottes.

> *Gott schuf den Menschen zu seinem Bilde, zum Bilde Gottes schuf er ihn; und er schuf sie als Mann und Frau.* (Gen 1,27)

Dieser Vers ist eine Ungeheuerlichkeit: Gott schuf Menschen zu seinem Bilde. Menschen, alle Menschen, sind Gottes Ebenbild. Daran ändert auch die Tatsache nichts, dass wir nicht mehr im Paradies leben und dadurch vieles verzerrt ist. Alle Menschen tragen seine Würde in sich.

Diese Ebenbildlichkeit bedeutet zunächst einmal, dass wir seine Stellvertreter auf der Erde sind. Direkt nach diesem Vers kommt das sogenannte erste Mandat der Bibel, der erste Auftrag:

> *Gott segnete sie und sprach: „Seid fruchtbar und mehret euch und füllet die Erde und macht sie euch untertan und herrschet über die Fische im Meer und die Vögel unter dem Himmel und über das Vieh und über alles Getier, das auf Erden kriecht."*

Der erste Auftrag der Bibel befiehlt allen Menschen, an Gottes statt die Schöpfung zu gestalten, in ihr zu leben, sie zu genießen und aus dem Material der Schöpfung Neues zu schaffen: Dörfer und Städte, Erfindungen, Züchtung, Politik, Zusammenleben, Kunst und vieles mehr. Als Gottes Ebenbilder tragen wir Verantwortung für diese Welt, egal wie verfahren die Situation mit Eurokrise, Klimawandel oder Flüchtlingsdramen zurzeit auch sein mag. Dieses Mandat ist bis heute nicht aufgehoben und gilt neben dem zweiten Mandat, dem Missionsbefehl Jesu, immer noch in gleicher Weise.

Spätestens seitdem Gott Mensch wurde, wird deutlich, wie sehr Gott seine Schöpfung voll und ganz bejaht. Wir haben oft unsere Schwierigkeiten damit, trennen schnell in geistlich und weltlich und übersehen dabei, dass die ganze Schöpfung Gottes Idee ist. Ihr hat er das Prädikat „gut" bzw. „sehr gut" gegeben. Deshalb sind wir aufgerufen, uns mit unserem ganzen Leben bewusst in diese Welt einzubringen, und haben zugleich die Freiheit, diese Schöpfung zu bejahen und zu genießen.

Außerdem spiegelt sich auch in der Schöpfung Gott selbst als Schöpfer wider (Rö 1,20), Gott tröstet durch ihre Schönheit (Hiob 38–41) und sie sehnt sich gemeinsam mit uns nach Erlösung (Rö 8,20–22). Die Schöpfung an sich ist dem Schöpfer wichtig und ein wertvolles Geschenk an uns Menschen.

Eine junge Frau erzählte mir einmal, wie sie zu Hause groß geworden ist und wie ihre Mutter ihr das nie vorgelebt hat, die Schöpfung zu genießen und sich an ihr zu freuen. Und wie sehr sie das vermisst hat.

Als Christ müsse man sich von der Welt distanzieren. Mit dieser Sicht spalten wir unser eigenes Leben in gute und weniger gute Bereiche auf und verneinen die Schöpfung, die doch Gott bejaht. So ist zu erklären, dass sich Christen mit der Vorgabe, Weltliches von Geistlichem zu trennen, schwer damit tun, sich für die Schöpfung einzusetzen, für sie zu kämpfen, sie zu lieben und zu genießen.

Doch sind wir Gottes Stellvertreter auf Erden! Dieser Status bleibt, unabhängig davon, was der Mensch dem Menschen antun kann. Mitunter ist das unerträglich, gerade wenn wir in der Seelsorge davon hören. Doch sind es Gottes Menschen, die zu seiner Stellvertretung der Gestaltung und der Herrschaft dieser Welt begabt sind. Das zeigt mir: Gott geht ein ungeheuerliches Risiko mit uns Menschen ein. Er weiß und er rechnet damit, dass wir die Gabe der Stellvertretung im Kleinen wie im Großen deutlich verzerren und missbrauchen können und es auch tun. Er ist darüber nicht erstaunt, wenn auch traurig und mitunter zornig. Doch bietet er uns auch hier immer wieder seine barmherzige Gegenwart an und lässt sich von Christus daran erinnern, dass dieser den Zorn Gottes bereits gestillt hat.

Gottes Ebenbild zu sein, bedeutet weiter, dass wir Gottes Wesen abbilden. Wenn wir einen Menschen sehen, begegnen wir einem Bild Gottes, in dem wir – wenn auch in Verzerrung – Gottes Wesen wahrnehmen können. In einem meiner Seminare denke ich mit den Teilnehmern und Teilnehmerinnen darüber nach, was das auf emotionaler Ebene bedeutet: Wir haben Gefühle, weil Gott sie ebenfalls hat. Gott wird uns in der Bibel beschrieben als liebender, als treuer, als barmherziger, aber auch als zorniger, hassender oder eifersüchtiger Gott. Oder als ein Gott, der Reue kennt. Jesus hatte Angst oder hat um Menschen geweint. Der Unterschied zwischen uns und Gott ist der, dass seine Gefühle der jeweiligen Situation grundsätzlich angemessen sind. Bei uns ist hier wiederum eine Verzerrung, wir lieben manchmal zu viel, wir sind mitunter barmherzig, wenn klare Worte angemessen wären, wir sind ohne Grund eifersüchtig oder wir sind zornig auf jemand anderen, weil wir nicht merken, dass unser Zorn eigentlich uns selbst gilt. Und doch bilden wir mit unseren Emotionen Gottes Wesen ab.

Wir sind zudem als Männer und als Frauen Gottes Ebenbilder.

Männer sind Gottes Ebenbild. In ihnen finden wir oft stärker als bei Frauen Gottes Stärke und Schutz, sein Werben um uns, seine Wildheit und anderes mehr. Natürlich kann das bei jedem Mann völlig anders aussehen, manche haben eine emotionalere Seite, andere sind eher kognitiv gestrickt. Außerdem steckt in jedem Mann eine weibliche Seite und in jeder Frau eine männliche, wenn auch meistens nicht so gut sichtbar.

Frauen sind ebenfalls Gottes Ebenbild, d. h. Gott bildet sich in uns Frauen ab. Das bedeutet, Frauen könnten nicht Frauen sein, wenn sich nicht die Frau in Gott finden würde, auch wenn er sich uns als Vater vorstellt. Deshalb müssen wir jetzt nicht anfangen Gott als Mutter anzubeten. Gott hat Züge, die wir vor allem mit Weiblichkeit verbinden, auch wenn Männer sie ebenfalls kennen, wie z. B. seine Zartheit, seine Wärme, seine Unergründlichkeit und geheimnisvolle Art, seine Schönheit.

Die Ebenbildlichkeit Gottes verleiht Frauen und Männern ihre Würde. Das bedeutet aber auch, dass uns allen gemeinsam das erste Mandat gilt: Wir sind dazu aufgefordert, uns einzumischen und die Erde mitzugestalten.

Die Ebenbildlichkeit zeichnet sich als Nächstes dadurch aus, dass wir wie Gott Gemeinschaftswesen sind: Gott ist drei in einem, jeder mit seinen Aufgaben und Funktionen und doch ein einziger Gott nach außen hin. Gott ist vermutlich der Einzige, bei dem Kommunikation grundsätzlich und vollkommen gelingt: wo man sich abspricht ohne Missverständnisse, wo jeder in sich klar ist und wo jeder hinter den anderen zurücktreten kann, ohne zu verlieren. Wenn wir über Kommunikation nachdenken, dann lohnt es sich auch hinzusehen, wie das bei dem dreieinigen Gott gelingt.

Gott hat uns ebenfalls zu Beziehungswesen geschaffen, zu Beziehungen untereinander, zu Beziehungen zwischen Mann und Frau und vor allem zu einer Beziehung mit ihm. Wir sind von ihm unendlich tief geliebte Wesen.

Und ein Letztes: Wenn Gott Mann und Frau zu seinem Ebenbild schuf, bedeutet das, dass Gott in seiner vollen Präsenz nur in dem Zusammenspiel von Mann und Frau zu finden ist. Werden Bereiche von einem Geschlecht ausgespart, läuft auf Dauer etwas deutlich schief. Die Gottesebenbildlichkeit in Mann und Frau zugleich ist für mich das stärkste Argument, Männer und Frauen in allen Aufgaben zusammen vorzufinden. Das gilt für mich nicht nur in den Angelegenheiten von Gemeinden. Auch andersherum, wenn die Männer fehlen, ist das einfach nicht gut: Schon jetzt wird von der Verweiblichung der Gesellschaft gesprochen. Viele Kinder wachsen bei alleinerziehenden Müttern auf, erleben Erzieherinnen und zumindest meistens Grundschullehrerinnen.

In meinem Beruf als Seelsorgerin, Beraterin und Therapeutin habe ich ständig Fortbildungen mit einem großen Frauenüberschuss. Ich erlebe es jedes Mal als wohltuend, wenn ich in dem Bereich Männer antreffe. Es tut einfach gut, eine andere Art der Herangehens- und Betrachtungsweise zu erleben oder sich mitzuteilen. Ich finde das zutiefst bereichernd; fehlen die Männer, habe ich immer das Gefühl, dass da etwas abgeschnitten ist. Wir sind dazu geschaffen worden, uns zu ergänzen. Ich bin davon überzeugt, dass wir nur in einem guten Zusammenspiel zwischen Männern und Frauen uns wirklich zu den Frauen und Männern entfalten können, zu denen wir von Gott berufen sind.

Als Ebenbilder Gottes sind wir dazu aufgefordert, uns einzumischen und die Erde mitzugestalten.

Wir sind Ebenbild Gottes und als Erstes dazu berufen, uns als solche wahrzunehmen. Wir sind nicht für uns selbst, sondern als Erstes für Gott geschaffen worden. Wir sind für enge Beziehungen geschaffen worden, um in ihnen einen zentralen Platz als Gottes Ebenbild einzunehmen. Und wir sind in die Menschheit hinein geschaffen worden, in eine bestimmte Zeit und doch auch in eine bestimmte Generationenfolge, um auch hier als Gottes Ebenbild das zu bewirken, was nur wir bewirken können. Denn wir sind einmalig mit dem, wer und wie wir sind. Nur Sie können diesen einen Platz ausfüllen, und egal, was Sie tun: Es macht einen Unterschied, ob Sie da sind oder nicht. Nicht nur für Sie selbst und Ihren engsten Kreis, sondern auch die Geschichte wird anders geschrieben werden.

Wir sind aber nicht nur Gottes Ebenbilder, wir tragen auch seinen Namen, der unsere Zugehörigkeit zu ihm ausdrückt. Gott hat uns seinen Namen geschenkt, uns dadurch autorisiert, uns mit unserem ganzen Leben als Christ in dieser Welt zu bewegen. Darin drückt sich vielerlei aus: Gott ist sich nicht zu schade, uns seinen Namen zu geben. Er lässt sich auf Sie und auf mich ein. Gott adelt uns dadurch und glaubt an uns. Er traut uns zu, dass wir unseren Platz einnehmen und unsere Verantwortung tragen können.

In der Ewigkeit aber werden wir noch einmal einen neuen Namen bekommen, einen individuellen Namen, der nur uns und Gott bekannt sein wird. In der Offenbarung steht im Rahmen des Sendschreibens an die Gemeinde in Pergamon:

> *Wer überwindet, dem will ich geben von dem verborgenen Manna und will ihm geben einen weißen Stein; und auf dem Stein ist ein neuer Name geschrieben, den niemand kennt als der, der ihn empfängt.* (Offb 2,17)

Gott nimmt uns in unserer Einzigartigkeit ernst. Ich bekomme hin und wieder E-Mails oder Anrufe, weil ich zwei Allerweltsnamen trage. Die Kombination Sabine Schröder ist einfach zu häufig. Zumindest in meiner Generation gibt es viele Frauen, die mit Vornamen Sabine heißen, und Schröder ist einer der häufigsten Nachnamen in Deutschland. Keine sehr individuelle Kombination. Manche von Ihnen werden da vermutlich weniger Probleme haben. Ich bin davon überzeugt, dass der individuelle Name Gottes für jeden von uns ausgesucht wird und das ausdrückt, was unsere ganz persönliche Identität ausdrückt. Der neue Name fasst unsere Berufung zusammen, zu der wir uns hin entfalten sollen. Unsere Namen werden in unseren Ohren klingen wie Musik, weil sie schön sind, weil sie zu uns passen und weil sie nur uns gehören.

BEISPIEL:
Wenn ich mit schwer traumatisierten Menschen arbeite, ist mir dieses Wissen besonders tröstlich. Denn seelisch Verwundete sind oft lange Jahre auf der quälenden Suche nach ihrer Identität. Der innerste Kern einer Persönlichkeit ist aber unzerstörbar, auch wenn es manchmal kaum möglich scheint, ihn in all den Trümmern einer Persönlichkeit zu finden. Aber wenn er gefunden ist, zeigt er jetzt schon etwas von diesem neuen Namen und schafft eine Befriedung, die diese Person bisher nicht für möglich gehalten hat und die sie neu in Beziehung setzt zu sich selbst, zu ihrem Schöpfer und zu seiner Schöpfung.

3.2 Herkunftsfamiliensysteme im Hier und Jetzt und angesichts der Ewigkeit

Seit einigen Jahren steht bei Anfragen nach Vorträgen und Seminaren ein Thema ganz besonders im Fokus. Viele Menschen setzen sich mit der Frage auseinander, was sie wohl von ihren kriegstraumatisierten Eltern an Belastungen in ihr eigenes Leben mitgenommen haben. Wir wissen heute, dass über die enge Bindung des Säuglings zu seinen Eltern tatsächlich schwere Belastungen übertragbar sind. Aber auch andere Muster werden von Generation zu Generation weitergegeben: Abhängigkeiten, die Art und Weise, wie mit Gefühlen umgegangen wird, Familienthemen und -geheimnisse und anderes mehr.

Bei all dem Beschwerlichen übersehen wir schnell, dass gelernte Muster in der Regel sehr viel mehr Gutes als Schlechtes beinhalten: Wir alle brauchen sie, um eine Struktur oder einen roten Faden für unser Leben zu erhalten. Erst dadurch finden wir uns im Leben zurecht. Trotzdem ist es wichtig, dass wir unseren eigenen Weg gehen, uns richtig abnabeln. Der Satz „Ich mache es in meiner eigenen Familie wie meine Eltern“ kann dabei genauso fatal sein wie der gegenteilige „Ich mache es auf keinen Fall so wie meine Eltern“. Beide Sätze haben nämlich die Gemeinsamkeit, dass die Aufmerksamkeit immer noch auf den Eltern liegt und noch nicht im eigenen Tun. Die nötige Abnabelung steht in beiden Fällen noch aus. Erst wenn es gelingt, eine eigene Sicht aus den Mustern der Herkunftsfamilie zu entwickeln und zu begründen, sind wir in unserem eigenen Leben angekommen, ohne unsere Herkunftsfamilie kopieren oder verleugnen zu müssen. In gesunder Abgrenzung kann die eigene Familie in Beziehung zu der oder den Herkunftsfamilien gestaltet werden. Die Bibel beschreibt diesen Prozess als den des Verlassens von Vater und Mutter, um mit einem Partner ein Fleisch zu werden. (Gen 2,24)

Doch das ist schwierig, weil wir in unserer Kindheit und Jugendzeit Muster lernen, die tiefe Spuren in unserem Gehirn hinterlassen und so fest ummantelt werden, dass es uns in späteren Lebensjahren deutlich schwerer fällt, problematische Muster umzulernen. Gerade wenn uns bestimmte Verhaltens- oder Denkweisen belasten, versuchen wir diese im Hier und Jetzt zu lösen, indem wir uns immer wieder ähnlich tickende Personen unbewusst aussuchen. Wir reinszenieren in immer neuen Konstellationen unsere Herkunftsfamilie, suchen uns z. B. einen Chef, der sich in einem Konflikt wie unser Vater oder unsere Mutter verhält, oder einen Partner, der in einer Verhaltensweise einem Familienmitglied ähnlich ist. So leiden wir an denselben Stellen auch im Erwachsenenalter weiter. Brechen wir aus der aktuellen Konstellation aus, ohne das Muster in der Herkunftsfamilie zu lösen, geraten wir danach mit ziemlicher Sicherheit in die nächste ähnliche und reinszenieren das Muster erneut. Eine Kollegin sagt dazu, wir suchen lieber das bekannte Unglück als das unbekannte Glück. Wir leiden und sind andererseits so vertraut mit bestimmten Dingen, dass wir gar keine Vorstellung davon haben, wie wir es auf andere Weise gelöst bekämen. Dadurch haben wir eine bestimmte Ausstrahlung, die ähnlich strukturierte Personen ins eigene System ein-

In unserer Kindheit und Jugendzeit lernen wir Muster, die tiefe Spuren in unserem Gehirn hinterlassen und so fest ummantelt werden, dass es uns in späteren Lebensjahren deutlich schwerer fällt, problematische Muster umzulernen.

lädt. Dadurch ist die Wiederholung unserer Lebensmuster vorprogrammiert.

Auch das ist letztlich ein Phänomen einer Wirklichkeitskonstruktion: Wir konstruieren immer wieder neu unsere Sicht der Welt und wundern uns dann, wenn wir uns in der immer selben Art von Wirklichkeit wiederfinden.

Diese Muster lassen sich nur lösen, wenn wir uns mit dem belastenden Material unserer Herkunftsfamilie selbst aussöhnen. Ich schreibe bewusst, dass es um Aussöhnung mit unserer Herkunftsfamilie geht, nicht unbedingt um Versöhnung. Versöhnung ist ein Begriff, der verschieden gefüllt werden kann. Ich meine damit, dass ge- oder zerstörte zwischenmenschliche Beziehungen wiederhergestellt werden, was manchmal schlecht oder auch gar nicht möglich ist. Unter Aussöhnung verstehe ich dagegen, dass wir dahin kommen, unseren Platz in unserer Herkunftsfamilie anzunehmen. Dabei geht es lediglich um die eigene Haltung, die wir verändern.

Der inzwischen häufig zitierte Jabez aus dem Buch der Chronik ist so jemand:

> *Jabez war angesehener als seine Brüder. Und seine Mutter nannte ihn Jabez; denn sie sprach: Ich habe ihn mit Kummer geboren. Und Jabez rief den Gott Israels an und sprach: Ach dass du mich segnetest und mein Gebiet mehrtest und deine Hand mit mir wäre und schafftest, dass mich kein Übel bekümmere! Und Gott ließ kommen, worum er bat.* (1 Chr 4,8–9)

Jabez bekommt eine unerträgliche Lebenslast: Weil seine Mutter ihn unter Schmerzen geboren hat, trägt er diese Erinnerung als Namen: Jabez bedeutet „Schmerz“. Jedes Mal, wenn er gerufen wurde, wird die Erinnerung daran wieder wach. Wollen Sie ernsthaft „Hey, Schmerz, komm doch mal her!“ gerufen werden? Oder wollen Sie das gerne rufen? Jabez setzt sich mit seinem Mutterthema auseinander, indem er sich an Gott wendet und ihn darum bittet, seine Begrenzung zu erweitern. Das ist interessant, denn er bittet nicht darum, dass ihm Gott ein ganz neues Feld absteckt. Er söhnt sich mit seinem Thema aus und erlebt darin, dass Gott sein Gebet erhört und ihm tatsächlich einen größeren Raum zum Leben schafft. Es fällt mir auf, dass Jabez keine Namensänderung vornimmt oder dass Gott ihm eine Namensänderung schenkt, anders als bei Abraham oder Saulus. Jabez bleibt Jabez, Schmerz bleibt Schmerz, und doch lebt er sein eigenes Leben mit neuer weiterer Begrenzung.

Anders betrachtet beschäftigt er sich mit den beiden Grunderfahrungen „mehr Autonomie" und „mehr Verbundenheit" seines Lebens und setzt sie neu zueinander in Beziehung: Er bittet Gott um mehr Autonomie und um Erweiterung seiner Möglichkeiten und setzt damit der zu starken Bindung zu seiner Mutter eine neue Grenze.

Ähnlich wie Jabez sehnen wir uns danach, uns mit unserer Herkunftsfamilie auszusöhnen. Im systemischen Kontext sind deshalb Familienaufstellungen ein bewährtes Instrument geworden, bei dem eine Person aus der Teilnehmerschaft Repräsentanten für ihre Familienmitglieder auswählt (Teil III.9). Diese werden in Beziehung zueinander aufgestellt. Dann wertet der Aufstellungsleiter die Aufstellung mithilfe von Eindrücken der Repräsentanten nach bestimmten Regeln aus und bietet dies der aufstellenden Person an. Bei seriös systemisch arbeitenden Aufstellern wird darauf geachtet, dass die Person selbst wählen kann, was sie mit den Eindrücken aus ihrer Aufstellung anfangen will. Immer wieder machen Menschen die Erfahrung, dass die Repräsentanten erstaunliche Dinge wiedergeben, die sie gar nicht wissen können. Über dieses Phänomen ist schon viel nachgedacht worden. Sicher hat es damit zu tun, dass wir intuitiv über ein großes Wissen verfügen, wie Beziehungen funktionieren, und anhand des uns zugewiesenen Platzes nachspüren können, wie es der jeweiligen Person, die wir repräsentieren, in dem Familiengefüge geht.

Doch darüber hinaus hat es auch damit zu tun, dass wir im aufgeklärten postmodernen Europa verlernt haben, in großen Familienzusammenhängen zu denken und auch die Verstorbenen mit einzubeziehen. In den verschiedenen Jahrhunderten, in denen die Autoren der biblischen Bücher ihre Schriften verfassten, war es üblich, den gesamten Familienclan im Auge zu haben und Zusammenhänge deutlicher zu sehen. So konnte z.B. der Familienpatriarch über den Glauben mehrerer Generationen entscheiden. Selbst zur Zeit des Neuen Testaments wurden ganze Häuser getauft – eine Sicht, mit der wir uns in unserer individualistischen Zeit schwertun.

Was wir vergessen haben, ist, dass es neben dem Hier und Jetzt auch im Zusammenhang mit unserer Herkunftsfamilie eine unsichtbare Folie gibt, in der Nacheinander und örtliche Trennung aufgehoben sind. Gott stellt uns in einen größeren Kontext als den für uns gewohnten der Kleinfamilie – wir sind eingebunden in ein großes soziales Familiennetzwerk, das uns im Jetzt verborgen ist. Aber in Aufstellungen wird mitunter etwas davon spürbar; wir haben eine Ahnung von diesem größeren Ganzen, was uns helfen kann, im Jetzt Konstellationen und Muster aufzulösen, zu verändern oder uns mit ihnen auszusöhnen. Damit treten wir in Wechselwirkung mit dem Herkunftssystem, das uns aus der unsichtbaren Welt verborgen ist, und verändern es. Wie oder was genau sich da verändert, das allerdings können wir nur für uns konstruieren und werden es erst nach unserem Tod erleben.

Manchmal bedeutet Aussöhnung mit der Herkunftsfamilie wie bei Jabez, dass jemand zwar weiterhin „Schmerz" heißt, doch darin erfährt, dass sein Raum weiter wird.

Bei Aufstellungen gilt es, sehr sorgfältig zu sein, denn nicht alles, was wir gerne aufgelöst oder verändert hätten, macht im Licht unserer Herkunftsfamilie wirklich Sinn. Manchmal bedeutet der Veränderungswunsch, einen so hohen Preis bezahlen zu müssen, dass ein Ratsuchender dadurch den Bezug zu seiner Ursprungsfamilie und damit seine Familienidentität komplett verlieren würde. Deshalb ist es enorm wichtig, im seelsorglichen Gespräch genau abzuklopfen, was eine bestimmte Musterveränderung für den Umgang mit der Herkunftsfamilie bedeutet. Manchmal bedeutet Aussöhnung mit der Herkunftsfamilie wie bei Jabez eben, dass jemand zwar weiterhin „Schmerz" heißt, doch darin erfährt, dass sein Raum weiter wird. Ein anderes Mal bedeutet es, den Kontakt zur Herkunftsfamilie im Hier und Jetzt abzubrechen und auf Gottes

Gericht zu hoffen. Denn darin wird Gott unsere problematischen Beziehungen zurechtrichten.

FALLBEISPIEL:
Eine Klientin, deren Mutter aufgrund von Flucht, Internierung, Vergewaltigung und Vertreibung schwer kriegstraumatisiert ist, hätte gerne ein völlig neues Frauenbild für sich erarbeitet, das frei ist von allem Schmerz und Leiden ihrer Mutter und Großmutter. Doch dann hätte sie sich viel zu weit von ihrem Bezugssystem entfernt. Sie erkannte, dass in der Integration ihr Schlüssel zu sich selbst als Frau liegt. So formulierte sie für sich: Meine Mutter und Großmutter haben als Frauen gelitten und konnten sich so nie annehmen, das ist meine Geschichte. Und ich darf jetzt meinen Weg als Frau weitergehen.

In der Wertschätzung ihrer Familiengeschichte fand sie ihre eigene Identität und hat heute eine ganz andere Beziehung zu sich selbst gefunden. Interessanterweise und gar nicht beabsichtigt lag für sie darin sogar der Schlüssel, die Beziehung zu ihrer Mutter auf ein neues Fundament zu stellen.

3.3 Vergebung und Versöhnung im Hier und Jetzt und angesichts der Ewigkeit

„Hierfür gibt es keine Gnade." Meine Klientin sah mich mit traurigen Augen an. Ihr Hund hatte jemanden angegriffen, als er glaubte, dieser Mann wolle ihr etwas antun. Die Verletzungen waren schwer, mehrere Operationen waren nötig und es war nicht sicher, ob er jemals wieder arbeitsfähig werden würde. Aus verschiedenen Gründen weigerte sich die Versicherung, die Leistungen zu übernehmen – Kosten von mehreren 10.000 Euro. Meine Klientin stand vor dem existenziellen Ruin. Keine Gnade – das erste Mal nach Jahren, in denen ihr Glaube verschüttet gewesen war, wurde ihr bewusst, was es bedeutet, von Gott begnadigt zu werden. Irgendwo an ihrem Abgrund begegnete ihr Gott neu; gleichzeitig stellte sie sich der Realität, dass sie ihr Leben lang würde zahlen müssen. Wochenlang steckte sie in einer tiefen Krise. Eines Tages bat sie mich um einen Rückruf und teilte mir mit, dass sich ihre Versicherung gemeldet habe. Obwohl sie nicht im Recht sei, übernehme diese alle Kosten. Anschaulicher kann Gnade kaum erlebt werden. Meine Klientin bekam ihre Existenz zurück, ohne es verdient zu haben.

Wir haben bereits schon darüber nachgedacht, dass Gott sich zu uns in unsere Dunkelheit begibt. Der Vers „Gott will im Dunkeln wohnen“ steht im Zusammenhang mit der Tempeleinweihung im Alten Testament. Der Gedanke dahinter ist, dass Gott sich einen Ort, den Tempel in Jerusalem, ausgesucht hat, um dort seinem Volk Israel nahe zu sein, ein Ort, an dem das Volk Gott anbeten konnte. Dabei ist der Tempel ein Abbild dessen, was in der unsichtbaren Welt in für uns unvorstellbarer Form existiert. Der Tempel war in verschiedene Bereiche untergliedert, der innerste Raum bestand aus dem Heiligen und dem Allerheiligsten, das durch einen Vorhang vom Heiligen getrennt war. In diesem Allerheiligsten stand die Bundeslade, in der die Zehn Gebote lagen. Auf dem Deckel, der auch Gnadenstuhl genannt wird, thronten zwei Cherubim und füllten mit ihren Flügeln den ganzen Raum aus. Einmal im Jahr war es dem Hohenpriester erlaubt, mit Räucherwerk und dem Blut eines Stieres das Allerheiligste zu betreten und Blut gegen den Gnadenstuhl zu sprengen. An seinen Fuß war ein Seil gebunden, an dem man ihn notfalls herausziehen konnte, falls er während des Dienstes sterben sollte.

So kam an diesem besonderen Tag zusammen, was absolut nicht zusammenkommen durfte: Gott, der versprochen hatte, im Allerheiligsten auf dem Gnadenstuhl anwesend zu sein, und die Sünde des ganzen Volkes, die mit dem Blut des Stieres hineingetragen wurde. Das Bild, das wir uns dabei vorstellen können, ist, dass Gott die Sünde geradezu in sich aufsaugt und so seine Forderungen in Form der Zehn Gebote an seinem Volk sühnt. So spricht das Gericht Gottes im Allerheiligsten sein Volk gerecht.

Dies geschah nun nicht nur in Raum und Zeit in den Tagen

des Alten Testaments, sondern symbolisiert einen Vorgang, der in der unsichtbaren Welt Wirklichkeit ist.

Dieser Gedanke ist einer der Grundgedanken des Hebräerbriefs, bei dem weniger Tod und Auferstehung Jesu als vielmehr seine Himmelfahrt und seine Fürsprache für uns zur Rechten Gottes – im himmlischen Allerheiligsten – fortwährend geschieht.

> *Weil wir denn nun, liebe Brüder, durch das Blut Jesu die Freiheit haben zum Eingang in das Heiligtum, den er uns aufgetan hat als neuen und lebendigen Weg durch den Vorhang, das ist: durch das Opfer seines Leibes, und haben einen Hohenpriester über das Haus Gottes, so lasst uns hinzutreten mit wahrhaftigem Herzen in vollkommenem Glauben, besprengt in unsern Herzen und los von dem bösen Gewissen und gewaschen am Leib mit reinem Wasser. Lasst uns festhalten an dem Bekenntnis der Hoffnung und nicht wanken; denn er ist treu, der sie verheißen hat.* (Hebr 10,19–22)

Der Autor des Briefes macht uns über mehrere Kapitel hinweg deutlich, dass Jesus ein neuer Hoherpriester geworden ist, der nicht aus der Linie von Aaron stammte und sein eigenes Blut geopfert hat, um uns nicht nur in Raum und Zeit, sondern in Ewigkeit zu erlösen. Gott selbst saugt unsere Schuld auf und zerreißt somit seine Forderungen an uns. Jesus Christus sitzt zur Rechten Gottes und tritt jeden Augenblick für uns ein, sodass wir jetzt schon jeden Atemzug unseres Lebens in das unsichtbare Heiligtum vor Gottes Angesicht treten können. In seinen Augen sind wir jetzt schon vollkommen befreit von Schuld, weil er uns durch Christus hindurch ansieht und das „Es ist vollbracht“ über unserem Leben steht.

Die Spannung besteht darin, dass dies in Zeit und Raum so nicht stimmt, sondern wir weiterhin schuldig werden und unvollkommen bleiben, solange wir leben. Doch Gott nimmt unser Versagen und unsere Schuld bereits in Kauf, sodass er gelassen das Gute mit dem Bösen zusammen gedeihen lässt. Er sieht auf die Wunden seines Sohnes, die ihm deutlich zeigen, dass der Preis bereits bezahlt ist. Was immer wir vor Gott aus Schuld und

Scham verstecken wollen, wir brauchen es nicht. Wir müssen uns nicht mehr schämen, sondern können frei aufblicken zu ihm.

In diese Spannung sind wir gestellt. Wir erleben uns alles andere als sünd- und makellos, wir bemerken unsere Fehler, unser Versagen, unsere Schuld. Und manchmal ist es schwer, sich das alles einzugestehen. Das ist die eine Seite der Wirklichkeit. Die andere aber ist die: Gott sieht uns heute schon als die Menschen an, die wir einmal in voller Schönheit sein werden. Er sieht uns bereits jetzt schon in Vollkommenheit. Das schafft in uns eine ungeheure Weite und fordert uns als Seelsorger auf, unseren Ratsuchenden diesen weiten Raum auch anzubieten. Das „Sowohl – als auch" zwischen unvorstellbarer Schuld und gleichzeitiger Vollkommenheit gilt es auszuhalten. Auch in diesem Raum müssen wir leben lernen und dürfen uns in ihm als befreite Menschen bewegen. Aber genau das heißt, aus der Gnade zu leben und gerecht gesprochen zu sein.

Die Frage, die sich aus systemischer Sicht stellt, ist, welche guten Gründe es gibt, dass Menschen trotz dieses Wissens nicht in sein Heiligtum eintreten und vor seinen Thron kommen. Eine Antwort finden wir möglicherweise, wenn wir uns seelsorglich damit beschäftigen, welchen Stellenwert Schuld und Scham in dem Herkunftssystem gespielt haben. Denkbar wäre, dass sich der Klient selbst als Sündenbock erlebt, dass er ein schlechtes Selbstbild hat oder dass es ein Familiengeheimnis gibt, das nicht preisgegeben werden darf. Natürlich sind auch andere Konstruktionen möglich. Auch frühe Traumata können eine Rolle spielen. Wenn Ratsuchende von Schuld- und Schamgefühlen blockiert werden, sind in der Regel Selbsthaltungen entstanden, die sich auf rein sprachlicher Ebene nicht lösen lassen. Hier muss seelsorglich mit dem emotionalen, bildhaften und körperlichen Gedächtnis gearbeitet werden. Auch die Arbeit mit einem Inneren Kind oder Jugendlichen, der sich schuldig fühlt und schämt, ist denkbar (Teil III.7). Dabei sollte sich der Seelsorger im Klaren sein, dass dieses Kind oder dieser Jugendliche vermutlich nichts mit Gott und Glauben am Hut haben möchte, denn diesem Teil fällt es ja schwer, zu Gott, dem Vater, mit erhobenem Haupt zu treten. Behutsam ist deshalb im seelsorglichen Arbeiten darauf zu achten, dass der kindliche oder jugendliche Anteil Schritt für Schritt Gottes Nähe zulassen darf, bis ihn Gott ganz in seine Arme schließen kann. Dies ist mitunter ein beschwerlicher, aber heilsamer Weg zu einer neuen integrierten Persönlichkeit, die frei vor Gottes Angesicht tritt.

III.

Hypno-systemische, ressourcen- und lösungsfokussierte Grundhaltungen und Interventionen

1. Zirkulär miteinander in Beziehung treten

ÜBUNG:
Nehmen Sie sich fünf bis zehn Minuten Zeit und versuchen Sie einmal, sich folgende Fragen zu beantworten:

Wie würde Sie der Mensch, der Ihnen gerade räumlich am nächsten ist, jetzt gerade beschreiben? Was sieht er? Was glaubt er, wie es Ihnen geht? Wie kommt er darauf?

Was würde der Mensch, der Ihnen innerlich am nächsten ist, auf die Frage antworten, wozu Sie dieses Buch lesen? Woran würde er als Erstes merken, dass Sie etwas aus diesem Buch gelernt haben? Woran gar nicht?

Wie würde der Stift, das Papier, der Computer beschreiben, wie es Ihnen gerade geht?

Diese Fragen ließen sich beliebig fortsetzen. Vielleicht denken Sie, dass Sie nicht über solche Dinge spekulieren wollen. Genau das sollen Sie auch gar nicht. Es geht nicht um richtig oder falsch, sondern darum, dass solche Fragen Sie in Distanz zu sich selbst bringen und Ihnen eine andere Perspektive auf Ihre Fragestellung oder Ihr Problem geben. Als ich vor Jahren vor der Frage stand, ob ich als Autorin arbeiten wollte, stellte mir eine Kollegin eine Menge zirkulärer Fragen, z. B. auch, was denn mein Arbeitszimmer oder mein Schreibtisch dazu sagen würden. Natürlich habe ich bis heute darauf noch keine Antwort von ihnen erhalten. Diese Fragen haben mir geholfen, über mein Vorhaben und mein Handeln so anders nachzudenken, dass ich eine größere Leichtigkeit verspürte, diesen Weg wirklich einzuschlagen. Warum? Weil eine größere Distanz einen besseren Überblick verschafft und dadurch die Anspannung nachlässt. Durch diese Fragetechnik gelangen wir zurück in einen mittleren wachen Erregungszustand, innerhalb dessen wir unsere Ressourcen bestmöglich abrufen können. Wir starren nicht mehr auf unser Problem, sondern nehmen unseren größeren Lebenszusammenhang wieder wahr. Zirkuläre Fragen setzen uns also in Beziehung mit uns selbst, mit unseren Mitmenschen und mit der Schöpfung, die uns umgibt. Natürlich können wir auch zirkuläre Fragen stellen, die uns zurück in die Beziehung zu Gott bringen.

Wir können uns bei einem Vorhaben, einem Problem oder einer Entscheidung immer auch selbst zirkulär befragen und uns dadurch wieder stärker mit unseren bereits schon vorhandenen Ressourcen verbinden.

Im seelsorglichen Gespräch geht es neben diesem Aspekt immer auch darum, das System des Ratsuchenden mit in den Blick zu bekommen.

FALLBEISPIEL:
Eine Mutter Mitte 40 kommt in meine Praxis, um über ihre Tochter zu sprechen, die sich mit einem in ihren Augen ungeeigneten Mann befreundet hat. Der junge Mann sei cholerisch und neige dazu, sich bei großem Stress zu betrinken. Außerdem glaube er ganz anders als ihre Tochter.

Dieses Beispiel birgt zunächst einiges an Fallstricken. Worum geht es und um wen? Wenn wir im Gespräch nicht sehr schnell klar bekommen, dass „nur" die Mutter gekommen ist, kann sich der Auftrag schnell dahin verlagern, über den Freund zu jammern. Wobei wir auch in Betracht ziehen müssen, dass die Mutter möglicherweise insgeheim auch ihre Tochter kritisiert. Es sollte also zunächst geklärt werden, dass es in diesem Setting nur um einen seelsorglichen Auftrag gehen kann, der die Mutter betrifft, z. B. gelassener mit der Situation umzugehen oder diesen Freund der Tochter zu gewinnen. Um aber Tochter und Freund und deren wechselseitiges Beziehungsmuster mit der Mutter ins Gespräch zu bringen, fragen wir jetzt zirkulär:

BEISPIEL:

„Was sagt denn Ihre Tochter bzw. deren Freund dazu, dass Sie heute mit mir darüber sprechen?"

Diese Frage klingt zirkulär, ist sie aber nur bedingt, denn die Antwort könnte mit einem tatsächlich gesprochenen Satz beantwortet werden:

„Meine Tochter findet es gut, wenn ich lerne, mit ihrer Beziehung klarzukommen." Oder:

„Der junge Mann hat nur mit den Schultern gezuckt. Er hat sich damit abgefunden, dass ich ihn nicht leiden kann." Natürlich können wir mit beiden Antworten weiterarbeiten, indem wir mit der Mutter überlegen, was das für sie bedeutet, d. h., welches Erleben sie aus ihrer Antwort heraus konstruiert.

Mehr unoffensichtliche Haltungen und Konstruktionen legen wir allerdings offen, wenn wir die unausgesprochenen Überzeugungen ins Spiel bringen. Folgende Fragen könnten zielführend sein:

BEISPIEL

„Was glauben Sie, was Ihre Tochter möchte, dass hier besprochen werden soll? Was dagegen nicht?"

Dasselbe können wir danach über den Freund wissen wollen. Mit diesen Fragen wird die Mutter dazu angeregt, die Perspektive der an diesem Konflikt beteiligten Personen einzunehmen, deren Haltungen und deren Auftrag an unserem Setting wahrzunehmen und zu formulieren. Zugleich wird durch das Gespräch deutlich, welche Wechselwirkungen die Mutter in dem System wahrnimmt.

Zirkuläre Fragen, die nur eine Bezugsperson betreffen, sind Fragen erster Ordnung. Um noch stärker in das Beziehungsgeflecht zwischen Mutter, Tochter und Freund einzusteigen, eignen sich auch Fragen zweiter Ordnung. Hierbei wird die Klientin angeregt, sich sowohl in die Tochter als auch in den Freund hineinzuversetzen und aus deren Perspektive ihr Kommen zu beleuchten.

BEISPIEL:
„Was glauben Sie, denkt Ihre Tochter, welche Dinge ihr Freund hier besprochen haben möchte? Und welche nicht?" Diese Frage lässt sich dann natürlich auch umkehren.

Ein weiterer Fallstrick bei dem eingangs geschilderten Auftrag besteht darin, das Herkunftsfamiliensystem außer Acht zu lassen. Welche Haltung hat z. B. der Vater zu der Situation? Selbst wenn er nicht greifbar ist oder möglicherweise auch schon verstorben, kann dennoch zirkulär gefragt werden. Ebenso sollten die Eltern des Freundes sowie wichtige Menschen des Paares, z. B. deren Freunde, nicht außer Acht gelassen werden.

Mit all diesen Aspekten beleuchten wir mithilfe von zirkulären Fragen den horizontalen, immanenten Kontext im seelsorglichen Gespräch. Wir können darüber hinaus nun auch die vertikale Ebene mit ins Gespräch bringen, zumal die Mutter den Glauben des Freundes ja für falsch hält.

BEISPIEL:
„Was glauben Sie, denkt Gott über die Beziehung der beiden jungen Menschen?" – „Was glauben Sie, worauf möchte Gott Sie durch diese Situation aufmerksam machen?"

Auch hier können wir in die zweite Ebene wechseln:

„Was vermuten Sie, möchte der Freund von Gott, das er Ihnen deutlich machen soll?" – „Was vermuten Sie, hält Ihre Tochter von dem Glauben ihres Freundes? Und von dem ihrer Mutter?"

An dieser Stelle ist es wichtig zu betonen, dass es nicht tatsächlich darum geht, was Gott denkt, sondern was die betreffende Person vermutet, was Gott über sie oder die Situation denkt. Dadurch kommen wir direkt auf das Gottesbild der Mutter zu sprechen. Wir können an die Antwort jeweils anschließen, wie die Mutter auf ihre Vermutung kommt, und gelangen dadurch direkt in eine Reflexion ihres eigenen Glaubens.

Eine Möglichkeit, die vertikale, transzendente Komponente stärker ins Gespräch einzubringen, besteht in kreativen zirkulären Interventionen. Hier gibt es vielfältige Möglichkeiten.

BEISPIEL:
„Angenommen, es käme zu Ihnen ein Brief vom Himmel und darauf stünde jeweils ein weiser Satz für Sie, für den Freund und für Ihre Tochter. Glauben Sie, Sie würden ihn lesen? Was glauben Sie, würden Sie lesen? Wie würde sich Ihre Situation in Bezug auf Gott, sich selbst, den Freund und Ihre Tochter verändern?"

Allein diese wenigen Fragen können eine ganze Gesprächseinheit füllen und der Mutter helfen, eine neue Sicht über sich selbst und ihren eigenen Glaubensbezug zu bekommen und dadurch neu in Beziehung zu ihrer Tochter und deren Freund zu treten.

Im Gegensatz zu Einzelpersonen können zirkuläre Fragen bei Paaren, Familien oder Teams noch deutlicher wirken, da die betroffenen Personen die Antwort bereits hören und dadurch unausgesprochene Glaubenssätze über sich selbst reflektieren können. So ist bei einem Paargespräch zu Beginn folgende Frage an beide Partner denkbar:

BEISPIEL:
„Was glauben Sie, warum Ihr Mann/Ihre Frau heute mitgekommen ist und was er/sie hier besprechen möchte?"

Im Gegensatz zu der linearen Frage an die Partner, warum sie selbst zu dem Gespräch gekommen sind, müssen die beiden sich bereits bei der ersten Frage mit der Haltung des anderen auseinandersetzen und sich zugleich in die Position des anderen versetzen. Durch diese Technik weichen erstarrte Positionen von Anfang an auf.

Auch hier kann wieder in zweiter Ordnung zirkulär gefragt werden. Angenommen, das Paar hat eine Tochter, könnten wir die Mutter z. B. fragen:

BEISPIEL:
„Was glauben Sie, denkt Ihre Tochter, warum ihr Vater heute zum Termin gekommen ist?"

Dadurch holen wir auch die nicht anwesenden Personen eines Familiensystems ins Gespräch und gewinnen so den Blick auf das ganze Beziehungsnetz mit den darin wahrgenommenen Wechselwirkungen. Den benötigen wir, da eine Problematik oder ein Symptom immer mit dem ganzen System zusammenhängt und die einzelnen Teile alle ihren Beitrag zur Aufrechterhaltung des Problems leisten.

Ähnlich lassen sich zirkuläre Fragen auch bei Teams anwenden. Es ist immer wieder erstaunlich, wie überrascht Menschen darüber sind, was andere Personen über ihre Haltung vermuten und wie wenig dies oft mit der eigenen Wahrnehmung übereinstimmt.

BEISPIEL:
Bei einem Konflikt zwischen den Teammitgliedern A,B und C könnte z. B. zirkulär gefragt werden:

„A, was vermuten Sie, denkt B über Ihren Konflikt und wie würde C ihn lösen?"

Wenn wir diese Frage einmal reihum durchgespielt haben, wird das Team ein neues Bild über seinen Konflikt und die daran beteiligten Personen gewonnen haben. Erste Lösungen zeichnen sich ab. Wir können aber auch die Frage stellen, was denn der Konflikt von den Haltungen der Personen A, B und C denke und welche Lösungen er selbst vorschlage.

Zugegeben, solche Fragen verlangen uns ein kreatives Denken um die Ecke ab und genau dieser Perspektivwechsel zeigt neue Ideen und Lösungsmöglichkeiten auf.

2. Und wenn ein Wunder geschieht?

Christen glauben an Wunder, oder? Wenn wir die im Alten oder Neuen Testament beschriebenen Wunder betrachten, dann geht es im weitesten Sinn um die Umkehr zu Gott, um Versorgung oder Heilung. Nirgendwo dagegen finden wir ein Wunder, bei dem sich das Verhalten oder die Persönlichkeit eines Menschen von jetzt auf gleich grundlegend ändern. Selbst ein Paulus lernt nach seiner dramatischen Bekehrung mit der Zeit in einem Prozess, was es für ihn bedeutet, Jesus nachzufolgen.

Wenn Menschen in die Seelsorge kommen, müssen wir wissen, dass sich die Wunderfrage bei den Themen „Umkehr, Versorgung, Heilung" nicht besonders gut eignet, sondern genau bei solchen Fragen, die mit problematischen Haltungen, Situationen, Konflikten oder Ähnlichem zu tun haben. Denn die Wunderfrage ist eine lösungsorientierte Fragetechnik. Es geht um eine Hypothesenbildung, die der Person neue Handlungsmöglichkeiten, Zielklärungen oder erste Schritte zu einer Lösung aufzeigt.

Die Wunderfrage beginnt in der Regel so:

„Angenommen Sie schlafen heute Abend ein, wachen morgen früh auf und ihr Problem ist gelöst, Sie wissen es aber nicht ..."

An diese Einleitung können eine Anzahl von Fragen angeschlossen werden:

„... woran würden Sie es als Erstes merken? ... woran Ihr Partner? ... was würden Sie anders machen?" usw.

Dies klingt einfach, solange wir die Wunderfrage nur einmal kurz einsetzen und danach mit gewohnten Fragen das Gespräch fortsetzen. Die Wunderfrage ist aber – ähnlich wie zirkuläre Fragen – eine Fragetechnik, mit der wir ein komplettes Gespräch bestreiten können.

FALLBEISPIEL

In einem Seelsorgeseminar berichtet der Teilnehmer Hans von einem Telefonat mit seiner Nichte Gabriele, die zu ihrem 18. Geburtstag den Wunsch äußert, ihren Führerschein zu machen, und ihren Onkel fragt, ob er ihr nicht dazu 200 Euro beisteuern möchte. In dem Übungsgespräch vor der Gruppe kommt durch Nachfrage heraus, dass Gabriele ihren Onkel schon mehrfach ausgenutzt hat, geliehenes Geld nicht zurückzahlt und ihre Eltern sich ebenfalls fordernd gegenüber Hans verhalten. Hans leidet sehr unter diesen Beziehungen, da die Familienmitglieder anscheinend nur auf seine Kohle aus sind. Gleichzeitig ist er der einzige Christ in seinem Herkunftsfamiliensystem und wünscht sich, dass andere Familienmitglieder ebenfalls zum Glauben finden. Es fällt Hans schwer, seiner Nichte den Wunsch abzuschlagen; gleichzeitig fürchtet er den Verlust der ohnehin schlechten Beziehung, wenn er die Bitte ablehnt. Hans ist ratlos, wie er sich nun verhalten soll.

In dem Seminar ging es darum, die Wunderfrage anzuwenden. Der übende Seelsorger fragte also nach der üblichen Einleitung der Wunderfrage:

BEISPIEL

„Wenn über Nacht ein Wunder geschieht, was wäre anders?“

„Dann würde meine Nichte mir anbieten, das bereits geliehene Geld sowie die jetzt erbetenen 200 Euro nach und nach zurückzuzahlen.“

An der Antwort sehen wir, dass auch der Umgang mit der Wunderfrage geübt sein will. Der Seelsorger hatte nicht berücksichtigt, dass das Problem von Hans aus dessen Sicht überhaupt nicht bei ihm, sondern ausschließlich bei seiner Familie liegt. Dadurch fühlte er sich dem Handeln seiner Familie ausgeliefert und konnte keine eigene Lösungsidee formulieren. Dementsprechend lautete die Antwort: Die Nichte bekommt über Nacht die Eingebung, dass ihr Verhalten dem Onkel gegenüber schäbig ist. Passiert dies dann wirklich, ist tatsächlich ein Wunder geschehen. Nun kann der Onkel diesen Wunsch natürlich im Gespräch äußern, ändern kann es der Seelsorger zusammen mit Hans aber nicht, selbst dann nicht, wenn er die Nichte kennen würde und auf die schlechte Idee käme, einmal mit ihr zu reden.

Es geht auch hier um die richtige Fokussierung der Aufmerksamkeit auf die Hauptperson des Seelsorgegesprächs, also um Hans. Um ihn zu seiner eigenen Problemlösung zu führen, formulieren wir die obige Frage ein wenig um:

BEISPIEL

„Wenn über Nacht ein Wunder geschieht, woran würdest du merken, dass dein Problem gelöst ist?"

Der Fokus liegt jetzt auf Hans, denn er ist zum Gespräch gekommen. Als wir diese Frage im Seminar ausprobiert haben, gab Hans folgende Antwort:

„Ich weiß gar nicht, ob ich direkt etwas merken würde. Meine Nichte würde etwas merken."

„Okay, woran würde deine Nichte merken, dass dein Problem gelöst ist?"

„Sie würde merken, dass sie mich nicht ausnutzen darf und dass ich mich ihrem Wunsch gegenüber abgrenze. Ich sage ihr deutlich, dass ich ihre Frage so nicht in Ordnung finde, weil sie sich ständig nur meldet, wenn sie Geld von mir braucht."

Die erste Frage hat sich nur wenig verändert, und doch ist Entscheidendes passiert: Der Fokus liegt auf Hans. Dadurch wird für Hans auf einmal eine erste Lösungsidee sichtbar. Er wünscht sich, standfest zu sein, sich abzugrenzen, deutlich Nein zu sagen und seiner Nichte dadurch zu erkennen zu geben, dass er sich nicht länger ausnutzen lässt. Letztlich deutet sich durch seine Antwort bereits eine gewisse Konfliktbereitschaft bei Hans an, auch wenn ihm das noch gar nicht so klar ist.

Nun können wir an diese erste Frage weitere Fragen anschließen. Wir lassen das Übungsgespräch mal weiterlaufen:

„Angenommen, du kannst dich gegenüber deiner Nichte abgrenzen, was genau machst du dann anders?“

„Ich lasse sie gar nicht lange reden. Notfalls unterbreche ich sie und sage ihr, dass ich mir wünsche, sie würde nicht nur anrufen, wenn sie Geld von mir braucht.“

„Und wenn du ihr diesen Wunsch mitteilst, welche deiner Ressourcen nutzt du dafür?“

„Ich muss mir sicher sein, dass es okay ist, ihr das so zu sagen. Dazu nutze ich das, was ich hier gelernt habe, nämlich dass Gott nicht erwartet, dass ich immer lieb bin, sondern dass ich mich selbst auch wertschätze und respektiere.“

„Und wenn du dich abgrenzt, dich selbst wertschätzt und respektierst, wie geht es dir dann?“

„Dann fühle ich mich stark und habe die nötige Sicherheit, um mit meiner Nichte so zu reden.“

„Und wenn du mit deiner Nichte dann so redest und du dich stark und sicher fühlst, wie ist es dann?“

„Dann bin ich stolz darauf, dass ich ihr meine Position deutlich machen konnte.“

Das Gespräch ließe sich noch eine ganze Weile fortsetzen. Ich möchte an dieser Stelle einige wichtige Punkte noch einmal deutlich hervorheben: Die Wunderfrage, die mit „angenommen es würde ein Wunder geschehen“ beginnt, wird im Prinzip weiter fortgesetzt. Natürlich beginnt nicht jede Frage wieder mit der „Einleitungsformel“, aber der Stil „angenommen, wenn ...“ bleibt bestehen. Nun kann der Seelsorger an verschiedenen Stellen durchaus das Gespräch vertiefen, bevor er zur nächsten Ebene weitergeht. Die erste Ebene besteht aus Fragen, die sich direkt an die Problemlösung durch ein Wunder anschließen: Wer würde diese Wunderlösung wann und woran merken bzw. woran auf keinen Fall und was würde wer, wie anders tun, machen, denken? Als Personen können wir dabei jeden ins Gespräch bringen, der aus Sicht des Klienten an dem Problem direkt beteiligt ist, aber auch Personen (oder Dinge) aus dem engeren System des Ratsuchenden, z. B. den Ehepartner. Angenommen Hans wäre verheiratet, könnte so eine Frage also lauten:

BEISPIEL:
„Woran würde deine Frau merken, dass dein Problem gelöst ist? Woran auf gar keinen Fall? Wann würde sie es merken? Wem von euch beiden würde es zuerst auffallen?"

In dieser Gesprächsebene geht es darum, die Lösungsidee des Problems herauszufiltern.

In der zweiten Ebene suchen wir nach den Ressourcen, die der Ratsuchende braucht, um seine Lösungsidee umzusetzen. In dem Beispiel wird Hans nach seinen Ressourcen gefragt. Der Seelsorger geht davon aus, dass der Ratsuchende diese Ressourcen bereits schon besitzt. Denn sonst wäre er nicht auf seine Lösungsidee gekommen. Die Lösung beinhaltet grundsätzlich schon die Ressourcen, die zu ihrem Erreichen notwendig sind. Bei Hans geht es in dieser Ebene darum herauszufinden, welche Ressourcen er in sich selbst hat, welche Ressourcen ihm sein Glaube zur Verfügung stellt und wer ihn noch von außen unterstützen kann.

In der dritten Gesprächsebene wird die Gefühlsebene angesprochen. Spätestens hier ist es wichtig, die Zeitform vom Konjunktiv in die Gegenwart zu wechseln. (Teil III.5) In dem Übungsgespräch ist dieser Wechsel schon auf der zweiten Ebene geschehen, also als wir das Gespräch nach der ersten Frage weiterverfolgt haben. Die Grundregel bei der Wunderfrage lautet, möglichst bald von der Möglichkeit (ein Wunder könnte geschehen) in die Gegenwart (wie geht es dir dann) zu wechseln. Das ist wichtig, damit wir die Aufmerksamkeit zurück in das Hier und Jetzt lenken und sie mit der Lösung verknüpfen, sowie mit den damit verbundenen Ressourcen und Gefühlen. Dadurch wird die Lösung in der Wirklichkeit bereits erlebbar und angenehme Gefühle bereits wahrnehmbar. Da unser Gehirn so konstruiert ist, dass es sich motiviert fühlt, wenn es angenehme Zielgefühle wahrnimmt, kann eine Veränderung hin zur Lösungsidee jetzt besser gelingen.

Es ist also wichtig, auf die Sprache zu achten. Ebenso wichtig ist es – das haben wir vor allem von der Hypnotherapie gelernt – gleiche Worte zu wiederholen, wenn wir einen Gedanken vertiefen wollen. Das hängt mit der Idee der Selbsthypnose zusammen. Wir verwenden ja auch immer gleiche Worte und Assoziationsmuster, um uns in unsere alltäglichen Problemtrance-Zustände zu versetzen.

An dem obigen Beispiel wird sehr schön deutlich, wie ein Gespräch mit vom Klienten aufgenommenen Worten ablaufen kann. Dadurch bleiben wir in der Gedankenwelt des Ratsuchenden, auch wenn wir persönlich uns anders ausdrücken würden. Eigene Worte, selbst ein Wechsel von einem Verb in ein Substantiv, unterbrechen dagegen den Gedankengang des Gegenübers.

Unser Gehirn ist so konstruiert, dass es sich motiviert fühlt, wenn es angenehme Zielgefühle wahrnimmt.

Wann können wir die Wunderfrage anwenden? Letztlich immer dann, wenn wir einen Ratsuchenden von einem Problem weg zu einer möglichen Lösung hinführen möchten. Dabei muss nicht jedes Mal mit der „Einleitungsformel“ begonnen werden, oft reicht es auch aus, verkürzt zu fragen: „Angenommen, das Problem wäre gelöst ...?“

Häufig wende ich die Wunderfrage auch an, um zu einer Auftragsklärung zu kommen. (Teil IV.1.2) In den Antworten zeigt sich neben ersten möglichen Lösungsideen oft auch das eigentliche Problem, das sich hinter dem vorherrschenden Gesprächsgrund verbirgt. Wenn Hans ein Seelsorgegespräch gesucht hätte, hätte er möglicherweise als Grund angegeben: Mir geht es nicht gut mit dem Telefonat mit meiner Nichte. In dem weiteren Gespräch oben deutet sich aber bereits an, dass er sich wünscht, sich gegenüber seiner ganzen Familie besser abgrenzen zu können, ohne dass er als Christ ein schlechtes Gewissen hat, sondern trotzdem oder gerade deshalb als gutes Vorbild des Glaubens in seiner Familie wirkt.

3. Schlimmer kann's nicht kommen, oder?

Nicht immer geschieht ein Wunder. Schlimmer noch, manchmal sind Ratsuchende angesichts einer scheinbar aussichtslosen Lage so verzweifelt, dass sie sich auf die Wunderfrage kaum einlassen können. Wenn uns das mit einem Ratsuchenden passiert, sollten wir darauf achten, dass er sich nicht immer hilfloser und verzweifelter fühlt – und wir uns letztendlich dann irgendwann auch. In solchen Situationen eignet sich die Verschlimmerungsfrage:

BEISPIEL:
„Was könnten Sie tun, um Ihre Situation, Ihr Problem, den Konflikt … noch zu verschlimmern?“

Meistens schauen Ratsuchende zunächst ganz perplex und glauben, ihren Ohren nicht recht trauen zu können. Es geht ihnen doch sowieso schon schlecht und sie wollen Hilfe haben. Ein kleiner Lichtblick würde schon helfen. Und wir fragen, wie es noch schlimmer werden könnte. Halt! Genau das fragen wir nicht! Die Frage lautet – das ist ganz wichtig –, wie der Ratsuchende die Situation oder das Problem verschlimmern kann. Das ist ein großer Unterschied. Denn wenn der Ratsuchende etwas dazu beitragen kann, dass die Situation schlimmer wird, dann kommt er wieder mehr in Aktion und erlebt sich nicht mehr als ohnmächtig, sondern als handlungsfähig. Neben anderen Aspekten bei dieser Fragetechnik ist dieser ganz entscheidend. Erlebte Ohnmacht führt ein Gespräch in eine Sackgasse, bei der sich schlimmstenfalls der Seelsorger irgendwann ebenfalls hilflos fühlt. Um das zu vermeiden, fangen viele Seelsorger spätestens an diesem Punkt an, selbst zu agieren und die Verantwortung zu übernehmen. Das löst aber nicht die Situation des Ratsuchenden, sondern nimmt ihm noch seinen letzten Handlungsspielraum, auch wenn er ihn selbst nicht mehr wahrnimmt. Es ist also gerade in hilflos oder ohnmächtig erlebten Situationen wichtig, den Ball in das Feld des Ratsuchenden zurückzuspielen und ihm seine Verantwortung für sein Problem zu lassen. Damit trauen wir ihm zu, dass er wieder aktiv, wieder mächtig werden kann. Selbstermächtigung ist nicht nur in der Traumapädagogik eine wichtige Aufgabe, sondern in jeder ohnmächtig erlebten Situation in der Seelsorge.

Es ist gerade in hilflos oder ohnmächtig erlebten Situationen wichtig, den Ball in das Feld des Ratsuchenden zurückzuspielen und ihm seine Verantwortung für sein Problem zu lassen.

Da der Ratsuchende sich selbst als hilflos erlebt, ist es an dieser Stelle besonders wichtig, die Verschlimmerungsfrage mit dem nötigen Fingerspitzengefühl zu stellen. Der Ratsuchende soll keineswegs das Gefühl bekommen, wir wollten ihn in seiner misslichen Lage auch noch auf den Arm nehmen. Das schließt aber nicht aus, diese Frage mit einem Augenzwinkern zu stellen, sollte es die Situation hergeben oder die Beziehung zwischen Seelsorger und Ratsuchendem dazu gut genug sein. Denn auch Humor löst das Gefühl der Ohnmacht, denn Humor führt zurück in ein mittleres waches Erregungsniveau. Manchmal reicht daher schon die Fragestellung allein aus, um den Ratsuchenden wieder selbst aktiv werden zu lassen.

Die Verschlimmerungsfrage führt dazu, selbst einen weiteren Schritt in die verzweifelte Lage hineinzugehen, und sei es lediglich imaginär oder kognitiv. Dadurch vollzieht der Ratsuchende genau das nach, was er im Grunde vermeiden möchte. Etwas durchzuspielen, was man unbedingt vermeiden will, zeigt dem Ratsuchenden – ähnlich wie bei Geschichten, die Angst erzeugen –, wie sich die noch schlimmere Lage anfühlt, in der er sich aber derzeit nicht befindet. Dadurch, dass er sie durchdenkt und teilweise auch erfühlt, ist er nun eher in der Lage, einen Schritt zurückzutreten und nach Ressourcen und Bewältigungsstrategien in der schwierigen Situation zu suchen.

FALLBEISPIEL:
Eine alleinerziehende Mutter Mitte 40 kommt zu einem Gespräch und erzählt von ihrem 13-jährigen Sohn, der sich weigert, in die Schule zu gehen bzw. morgens das Haus verlässt, aber, statt zur Schule zu gehen, auf dem Basketballplatz im Park abhängt. Die Mutter kommt auch nicht mehr an ihn heran; jede Androhung von Strafe nützt nichts. Sie ist völlig verzweifelt und fühlt sich hilflos der Situation ausgeliefert. Die Lehrer in der Schule äußern ebenfalls kein Verständnis und schieben das Problem zurück zur Mutter.

Die Verschlimmerungsfrage kann eine Option sein, um die Mutter zunächst einmal aus ihrer Ohnmacht zu holen:

„Was könnten Sie tun, um die Situation noch schlimmer zu machen?"

Wir müssen allerdings in so einer Situation damit rechnen, dass die Mutter antwortet: „Ich kann nichts tun. Es ist aussichtslos."

Geben Sie hier nicht auf. Wenn die Situation nicht so verfahren wäre, würde die Mutter es selbst schaffen, wieder aktiv zu werden. Das Gespräch könnte so weitergehen:

„Angenommen, Sie könnten etwas tun, was wäre es am ehesten?"

„Ach, ich weiß nicht."

„Und angenommen, Sie wüssten es, was könnten Sie tun?"

Die Formulierung „angenommen, Sie wüssten es" habe ich von einem Kollegen gelernt. Sie hilft, noch hypothetischer und kleinschrittiger eine mögliche Lösung zu konstruieren. Meine Erfahrung ist, dass in der Regel spätestens auf diese Frage eine Antwort gefunden wird, auch wenn sie dem Gesprächspartner völlig absurd vorkommt.

„Ich könnte meinen Sohn einfach nicht beachten und ihn in Ruhe lassen."

„Okay, wie verändert sich die Situation für Sie im Augenblick, wenn Sie das für einen Moment einmal denken?"

„Es ist schrecklich, aber ich fühle mich gerade ein bisschen erleichtert."

An der Antwort der Mutter sehen wir, dass die Situation in diesem kurzen Gesprächsausschnitt nicht gelöst wird. Darum geht es auch nicht. Es wird deutlich, dass sich die Mutter für den Augenblick entspannt, weil sie nicht mehr auf ihren Sohn fixiert ist, sondern sich wieder auf sich selbst und ihre Ressourcen konzentriert. Daran können wir jetzt im weiteren Gespräch anknüpfen. Denn in ihrer Antwort liegt natürlich auch eine Lösungsidee: Was müsste denn passieren, damit sie wieder mehr auf sich schaut, ohne den Sohn aus den Augen zu verlieren?

Manchmal erhalten wir sehr fromme Antworten, z. B.:

„Ich könnte Gott darum bitten, dass er die Situation löst."

Dabei ist zu beachten, dass nicht zuletzt auch Gottes Handeln als ohnmächtig erlebt wird. Fragen danach, woran sie bei sich merken würde, dass Gott sie in ihrer Situation unterstützt, oder zirkuläre Fragen helfen, die ohnmächtige Situation aufzulösen.

Es macht im weiteren Verlauf des Gesprächs sehr viel Sinn, das ganze Familiensystem zu betrachten und sich darüber zu unterhalten, was das Symptom „nicht zur Schule gehen" für das gesamte System bedeutet. Wer trägt dazu bei, dass das Symptom im System bestehen bleibt, welchen guten Grund gibt es, dass das Symptom erhalten bleibt, usw.

Ein abschließender wichtiger Hinweis: Länger andauerndes Schuleschwänzen ist eine Form von Kindeswohlgefährdung. So sollte die Mutter sich nicht scheuen, Hilfe beim Jugendamt zu suchen. Andernfalls ist es unsere Aufgabe, das Jugendamt zu informieren, vor der uns die Schweigepflicht seit einigen Jahren nicht mehr schützt.

4. Verrückte Sichtweisen: Von Paradoxen, Freaks und Inneren Helfern

Die Verschlimmerungsfrage gehört zu den paradoxen Interventionen. Diese eignen sich, um scheinbar unlösbare Probleme, Situationen oder Konflikte von einem anderen Blickwinkel aus neu und anders zu betrachten. Der Ratsuchende wird dazu angeregt, das dargestellte Symptom zu intensivieren, weil dadurch das System, innerhalb dessen das Symptom auftritt, destabilisiert wird und sich neu ordnen muss. In der neuen Stabilisierung wird häufig eine Lösungsidee entdeckt, die das Symptom verschwinden lässt oder verändert.

Ein berühmtes Beispiel ist die Frau, die zu Milton Erickson kam und über ihre hässliche Zahnlücke sprach. Sie wurde von Erickson aufgefordert, genau diese Zahnlücke dazu zu benutzen, um durch sie Wasser zu spritzen. Die Zahnlücke an sich war nicht zu verändern, wohl aber die Haltung ihr gegenüber.

Ähnlich verhält es sich, wenn jemand, der nachts nicht in den Schlaf findet, dazu aufgefordert wird, bewusst zu versuchen, nicht einzuschlafen. Wir kennen das vielleicht noch aus unserer Kindheit: An Silvester wollten wir unbedingt wach bleiben und schliefen doch schneller ein, als uns lieb war. Die Lösung liegt sprichwörtlich im Loslassen oder im Lockerlassen einer festgefahrenen Haltung. Diese Entspannung ermöglicht uns einen Perspektivwechsel, der es uns erlaubt, eine neue Haltung einzunehmen.

FALLBEISPIEL:
Ein Ratsuchender hatte mit verschiedenen Ängsten zu kämpfen, vor allem das Fahren mit öffentlichen Verkehrsmitteln machte ihm zu schaffen. Seine Angst wirkte sich aber auch auf sein Gottesbild aus. So konnte er das Haus

nie verlassen, ohne nicht mindestens eine halbe Stunde gebetet zu haben. Sein Gebet diente nicht nur dazu, morgens mit Gott im Gespräch zu sein, sondern als Ritual, ohne das sein Tag auf keinen Fall gelingen konnte. Um seine Ängste von diesem eher magisch verwendeten Gebet zu entkoppeln, war es wichtig, ihn nicht weiter darin zu bestärken, seine morgendliche Gebetszeit fortzusetzen. Stattdessen verabredeten wir, dass er eine Zeit lang ohne Gebet das Haus verlassen sollte in dem Wissen, dass Gott mit ihm geht. Nur dadurch war es für ihn möglich zu erleben, dass seine Ängste und seine ritualisierte Gebetszeit nichts miteinander zu tun hatten, sondern dass die Ängste mal stärker und mal schwächer waren. Jetzt konnte er ohne Verkrampfung, Gott müsse ihm doch unbedingt in seinen Ängsten beistehen, ein neues befreites Gebetsleben entwickeln und lernte gleichzeitig, sich auch mit seinen Ängsten anzunehmen. Denn – das werden wir an anderer Stelle noch sehen – nur das, was ich von mir annehme, kann ich auch loslassen.

Eine ähnliche Idee wie die der paradoxen Intervention steht hinter den verrückten oder Freakpositionen, von denen her der Ratsuchende sein Problem neu betrachten kann. Eine Freakposition kann ein bestimmter Anteil eines Ratsuchenden sein, der die Perspektive buchstäblich ver-rückt, sei es durch eine humorvolle Sicht auf die Situation oder durch ein Augenzwinkern. Wichtig hierbei ist, dass es nicht eine sarkastische abwertende Seite ist, sondern ein der Person zugewandter Teil. Eine Freakposition kann auch eine besondere Begabung des Ratsuchenden darstellen. Wenn beispielsweise jemand gerne kocht oder Dinge repariert, können wir fragen, welchen Rat denn der Koch oder der Handwerker im Ratsuchenden ihm geben würde. Dabei ist es wichtig, dass dieser Teil möglichst wenig mit der Problematik zu tun hat, damit der Perspektivwechsel auch gelingt. Eine Person, die sich im Haushalt von ihrer Familie nicht wahrgenommen fühlt, sollte nicht den Koch in sich befragen. Das würde das Problem nur stärker fokussieren, aber nicht zu einer Entspannung führen. Anders wäre es, wenn diese Person z. B. gut Dinge verkaufen könnte.

BEISPIEL:
„Wie würde der Verkäufer in Ihnen Ihr Problem mit dem Nichtwahrgenommenwerden beim Kochen lösen?"

Jetzt wird eine große Ressource mit der Problematik, bei der Haushaltsführung nicht wahrgenommen zu werden, verknüpft und aufgrund des anderen Kontextes kann nun ein Lösungsbild entworfen werden.

Freakpositionen können daneben auch andere Innere Helfer sein. Manchmal sind Ratsuchende so stark von ihrem Problem hypnotisiert, dass sich nicht so schnell eigene Ressourcen finden lassen, die eine neue Lösungsidee zu der Problematik entwickeln könnten. Dann helfen z. B. auch Comicfiguren oder andere Vorbilder. Wenn sich eine Verbindung zwischen der Figur und dem Ratsuchenden einstellt, heißt das ja letztlich, dass er diese Ressource, für die die Figur für ihn steht, tatsächlich auch besitzt; es fällt ihm nur deutlich leichter, sie in der Figur wahrzunehmen, als bei sich selbst.

FALLBEISPIEL:
Eine Ratsuchende musste noch einmal zu ihrem Exfreund, um ihm seine Wohnungsschlüssel zurückzugeben. Das große Problem für sie bestand darin, dass sie die Begegnungen mit ihm immer als abwertend erlebt hatte, sodass sie in seiner Gegenwart völlig sprachlos wurde und jegliche Souveränität verlor. So hatte sie ziemliche Angst vor diesem Besuch.

Wir suchten gemeinsam nach einer Freakposition, doch das erwies sich als schwierig. Obwohl sie eine große Portion Humor besaß, war ihr dieser nicht zugänglich, sobald sie an ihren Exfreund dachte. Ebenso konnte sie den Teil mit ihrer größten Ressource nicht zu Rate ziehen, weil sie ihre Leidenschaft, das Malen, mit ihm teilte. Also suchten wir nach einer Figur, die sie begleiten konnte.

Nach einer kurzen Überlegung fiel ihr Balu, der Bär aus dem Dschungelbuch ein. Bei der Nachfrage, was es denn bei Balu genau sei, antwortete sie, dass er groß und stark sei, eine große Gemütlichkeit ausstrahle und immer gut gelaunt sei. Ich forderte sie auf, Balu zu bitten, sich einmal neben sie zu setzen und zu schauen, was passiert. Die Klientin tat dies und fing an zu strahlen. Sie malte sich aus, dass sie Balu bitten würde mitzugehen und dass sie sich neben ihm halten bzw. sich neben ihn setzen würde, und er würde ihr die Kraft und Stärke geben, die sie für diese Begegnung bräuchte. Ein Schmunzeln zog über ihr Gesicht, sie hatte ihre ganz eigene Lösung gefunden.

In einer späteren Sitzung berichtete sie mir davon, dass sie ganz souverän sein konnte und in Balu genug Stärke gefunden hatte, um die unangenehme Situation gut zu überstehen. Seitdem ist Balu immer an ihrer Seite.

Möglicherweise fragen Sie sich jetzt, ob dieses Beispiel in eine Abhandlung über Seelsorge gehört, denn wir Christen hätten doch Jesus an unserer Seite. Genau so ist es auch! Wir haben Jesus an unserer Seite und außerdem hat er uns unsere Ressourcen zur Verfügung gestellt, um zugleich schwierige Situationen zu meistern. Es geht – wie immer in diesem Buch – sowohl um die horizontale, immanente als auch um die vertikale, transzendente Komponente. Auf der einen Seite wissen wir um die Hilfe Jesu, auf der anderen Seite müssen wir das Gefühl, das diese Hilfe bei uns auslöst, selbst spüren können, um sie überhaupt erleben zu können. Dazu sollten wir zunächst an die von Gott gegebenen Ressourcen in uns andocken. Als Gottes Geschöpfe sind wir befähigt und auch in der Verantwortung, unsere Ressourcen zu nutzen.

Als Gottes Geschöpfe sind wir befähigt und auch in der Verantwortung, unsere Ressourcen zu nutzen.

Bei dem Beispiel geht es ja eben nicht darum, sich mit einer anderen Person statt mit Jesus zu verbinden. Es geht darum, dass der Ratsuchende mit der Ressource, für die diese Figur für ihn steht, in Kontakt kommt. Das kann er deshalb, weil diese Ressource in ihm selbst vorhanden ist. Die Figur hilft ihm letztlich, diese in sich finden und abrufen zu können. Wenn diese Ressource aber so versteckt ist, dass es ihm schwerfällt, Zugang zu ihr zu finden, kann die Vorstellung (Imagination, Teil III.6) und das Aussichherausholen (Externalisieren, Teil III.7) dieser Figur ihn im Auffinden unterstützen.

5. Von der Möglichkeit zur Wirklichkeit

Vor etlichen Jahren war ich einmal Gast in einem Jugendhauskreis, um einen meiner Studenten in seiner praktischen Arbeit zu begleiten. Die Gruppe beschäftigte sich mit dem Gleichnis von der bittenden Witwe, die den Richter so lange nervt, bis sie ihr Recht bekommt. Jesus erzählt diese Geschichte, um deutlich zu machen, wie sehr wir Gott mit unseren Anliegen in den Ohren liegen sollen. Mir ist noch sehr in Erinnerung, wie eine Jugendliche dieses Gleichnis in ihren Alltag übersetzte: „Ist doch logisch, wenn ich jemanden auf der Straße um eine Zigarette bitte und dann einfach weiterlaufe, hat der auch nicht den Eindruck, als ob ich das ernst meine."

> **Im hypno-systemischen Kontext lernen wir, sehr gut auf unsere Sprache zu achten, weil wir genau unterscheiden, ob wir mit einem Ratsuchenden seine Möglichkeiten konstruieren oder in die Wirklichkeit zurückkehren.**

Warum erzähle ich Ihnen dieses Erlebnis, wenn es um Sprache geht? Ich beobachte, dass wir in unseren Gebeten große Unsicherheiten ausdrücken. „Herr, ich möchte dir danken", ist so ein schönes Beispiel. Was hindert diesen Beter daran, es wirklich zu tun?

Das eingangs erzählte Beispiel aus der Jugendgruppe zeigt, wie wichtig es ist, auf unsere Sprache zu achten. Denn unsere Worte verraten, worauf unser Fokus liegt, und lenken gleichzeitig unsere Aufmerksamkeit auf diesen. Wenn wir Gott danken möchten, ist unsere Aufmerksamkeit nicht bei unserer Dankbarkeit Gott gegenüber, sondern bei der Unsicherheit, ob dies denn auch in Ordnung sei. Es ist ein großer Unterschied, ob ich Gott danke oder ihm danken möchte, also den Wunsch habe, es zu tun, und es dabei belasse. Ähnlich ist es mit dem Ausdruck „Ich möchte dich bitten". Die Witwe wäre bei dem Richter mit einer derart vorgebrachten Bitte nicht sehr weit gekommen. „Ich flehe dich an, mach endlich, schaffe mir Recht ...“ das sind wohl eher ihre Worte gewesen.

Im hypno-systemischen Kontext lernen wir, sehr gut auf unsere Sprache zu achten. Das liegt einmal daran, dass wir genau unterscheiden, ob wir mit einem Ratsuchenden gerade seine Möglichkeiten konstruieren oder in die Wirklichkeit, in das Hier und Jetzt, zurückkehren. Und es hat damit zu tun, wohin wir mit unserer Sprache unseren Aufmerksamkeitsfokus lenken. Lassen Sie mich Ihnen das ein wenig mehr erklären. Wirklich? Wollen Sie es ein wenig mehr erklärt haben? Oder wollen Sie es verstehen und nutzen können? Okay, ich werde es Ihnen jetzt verständlich erklären.

Wenn wir mit Ratsuchenden an ihren Lösungsideen arbeiten, wechseln wir in der Regel die Zeit. Wir haben uns das bereits bei der Wunderfrage angesehen. Das Problem besteht in der Gegenwart, z. B. ist der Chef jähzornig, die Tochter weigert sich, zur Schule zu gehen, Gott erhört die Gebete nicht ...

Die Lösung liegt in der Zukunft. Ich frage nun danach, woran die Person merken würde, dass ihr Problem gelöst ist, was sie anders machen würde usw. Dann lasse ich den Ratsuchenden eine Lösungsidee konstruieren. Dazu verwende ich zunächst die Möglichkeitsform, den Konjunktiv. Zweierlei ist dabei wichtig: Zunächst einmal gelingt es den wenigsten Ratsuchenden, nur mithilfe einer einzigen Frage von dem Problem zu einer Lösungsidee zu kommen und dort zu bleiben, sodass sie eine Lösung ihres Problems konstruieren können. Die meisten Klienten werden immer wieder in das vorhandene Problem, das im Hier und Jetzt besteht, wechseln. Umso wichtiger ist es, selbst den Fokus auf die mögliche Lösung zu behalten, d. h. im Konjunktiv zu bleiben und den Fokus des Klienten dorthin zurückzulenken. Zugleich ist es wichtig, die Sprache des Ratsuchenden mit seinen Worten und Begriffen aufzunehmen. Wenn wir das nicht tun, wenden wir die Aufmerksamkeit des Ratsuchenden weg von seiner Konstruktion und unterbrechen schlimmstenfalls seinen Gedankengang so sehr, dass wir von vorne beginnen können.

BEISPIEL:

Sehr deutlich wurde mir das einmal, als ich bei einer Fortbildung mit einer Teilnehmerin aus dem Schwabenland eine Ressourcenübung vormachte, bei der es darum ging, ein inneres Bild für einen entspannten Zustand zu entwickeln, und sie vom „Bächle" sprach. Es lag mir sehr auf der Zunge, sie zu fragen, wie sich das für sie anfühlt, wenn der „Bach" an der Wiese vorbeiplätschert, weil „Bächle" nicht zu meinem Wortschatz gehört. Doch dann hätte ich die Konstruktion ihres inneren Bildes entscheidend gestört.

Wir sollten also gerade bei Möglichkeitskonstruktionen darauf achten, in der Wortwahl unserer Ratsuchenden zu bleiben, auch wenn dieser Begriff nicht zu unserem Wortschatz gehört.

Im nächsten Schritt geht es dann darum, vom Konjunktiv wieder in die Gegenwart, ins Präsens, zu wechseln. Dies tun wir, sobald wir den Eindruck gewinnen, dass sich beim Konstruieren ein für den Klienten angenehmes Gefühl entwickelt, dass er bereits etwas spüren kann. Sobald wir dieses Gefühl bei dem Klienten wahrnehmen, nutzen wir bei den folgenden Fragen das Präsens. Bei der Dame beispielsweise kann ich fragen, sobald ich den Eindruck habe, dass sich bei ihr ein entspanntes Gefühl einstellt:

BEISPIEL:

„Wenn Sie jetzt das Bächle an der Wiese vorbeiplätschern hören, wie ist es dann?"

„Dann fühle ich mich ruhig und gelassen."

Sollte sie dagegen antworten: „Dann würde ich mich ruhig und gelassen fühlen", kann ich weiterfragen: „Wenn Sie sich ruhig und gelassen fühlen, ...

... wie ist es dann?" Oder ... woran merken Sie das?"

Falls der Ratsuchende weiterhin im Konjunktiv verharrt, ist es wichtig, dass wir das ebenso tun und an dem angenehmen Zielgefühl so lange arbeiten, bis es noch deutlicher in der Gegenwart spürbar wird, bevor wir in das Präsens wechseln.

Es ist wichtig, an angenehmen Zielgefühlen zu arbeiten. Das hat mehrere Gründe: Erstens ist unser Gehirn motiviert, eine Veränderung zuzulassen, wenn sie mit angenehmen Gefühlen verbunden ist. So funktioniert jede Werbung oder auch Ihr Einkauf im Supermarkt, wo eine ganz bestimmte Musik abgespielt wird. Zweitens können wir nur Gefühle nennen, die wir auch kennen, sodass wir sie als Ressource abrufen können. Das klingt logisch, deshalb ein kleines Beispiel.

BEISPIEL:
Ich arbeite öfter mit Klienten, die sich keinen sicheren Ort vorstellen können, weil sie das Gefühl von Sicherheit nicht kennen. Wenn das zutrifft, müssen wir gemeinsam darüber nachdenken, welches andere Gefühl als Ressource vorhanden ist, z. B. Geborgenheit, Wohlgefühl oder anderes.

Drittens, wenn der Ratsuchende das angenehme Zielgefühl als Ressource bereits kennt und es ihm im Gespräch gelungen ist, dieses Gefühl im Hier und Jetzt wahrzunehmen, dann hat er letztendlich gelernt, seine Ressource in der Wirklichkeit abzurufen, und ist motiviert, sich zu seiner Lösungsidee hin zu verändern.

Sind wir also mit dem Ratsuchenden in die Gegenwart zurückgekehrt, können wir ihn als Nächstes seine weiteren Schritte entwickeln lassen. Wenn das Zielgefühl für den Klienten eine abrufbare Ressource geworden ist, wirkt dies oft stark genug, um seine Lösungsidee in die Tat umzusetzen.

Manchmal, z. B. wenn es um längere Prozesse wie eine Berufsveränderung geht, macht es jedoch Sinn, von der Zukunft Schritte zurück in die Gegenwart zu entwickeln. Dies fällt manchen Klienten leichter, wenn sie sich erst überlegen müssen, welches der letzte Schritt ist, den sie tun müssen, bevor sie ihr Ziel erreicht haben werden. Dazu ist ein weiterer Zeitwechsel notwendig, das Futur II, die bereits abgeschlossene Zukunft. Ich gehe auf diese Übung in Kap. IV.3.3 näher ein, hier ein kurzer Abriss:

FALLBEISPIEL:
Eine Klientin befindet sich derzeit in einer Auszeit und will für sich herausfinden, wann sie sich wieder bewerben will. Wir haben zunächst ihre Lösungsidee erarbeitet und das dazugehörende Zielgefühl in der Gegenwart für sie erlebbar gemacht. Ihre Idee ist, dass sie Ende des Jahres eine Ausbildung zur Tierpflegerin machen möchte. Bei diesem Gedanken fühlt sie sich sehr energiegeladen und es ist für sie sehr stimmig. Aber welche Schritte soll sie machen, um dieses zu erreichen? Ich frage sie:

„Wenn Sie Ende 2015 mit einer Ausbildung zur Tierpflegerin beginnen werden, welchen letzten Schritt davor werden Sie dann gemacht haben?“

„Dann werde ich mich für einen passenden Betrieb entschieden haben.“

„Wenn Sie sich für einen passenden Betrieb entscheiden werden, welchen entscheidenden Schritt werden Sie vorher gemacht haben?“

Diese Art zu fragen führen wir so lange durch, bis wir beim ersten Schritt sind, der gegangen werden muss.

Wir sehen also, wie wichtig unsere Sprache ist, wie sehr wir dem Ratsuchenden helfen können, seine Aufmerksamkeit auf seine Ressourcen und Lösungen zu lenken oder ihn darin zu unterbrechen. Wesentlich dabei ist, ihm immer die Möglichkeit zu geben, aus den Gedankengängen aussteigen zu dürfen. Je mehr wir mit unseren Formulierungen an denen des Klienten andocken, desto größer wird die Gefahr der Manipulation. Umso wichtiger ist es, dass unsere Klienten ihre Grenzen wahren und „Stopp“ sagen können, denn es geht in allem Reden und Tun darum, dass der Ratsuchende wirklich seine Lösung findet.

6. Von Vorstellungen, Bildern, Metaphern und somatischen Markern

Immer mal wieder erlebe ich, dass Christen sich schwertun mit Imaginationsübungen. Warum soll ich mir einen sicheren Ort, einen Wohlfühlort oder anderes mehr vorstellen und darf ich das überhaupt?

Zweierlei ist dazu zu sagen: Zum einen ist die Bibel selbst voll von Bildern, vielleicht merken wir es nur deshalb oft nicht, weil sie uns zu bekannt sind, sodass wir gar keine eigenen Bilder in uns aufkommen lassen. Nehmen Sie sich doch einmal kurz Zeit und nehmen Sie wahr, welche Bilder Ihnen bei folgenden Versen kommen:

> *Neige deine Ohren zu mir, hilf mir eilends! Sei mir ein starker Fels und eine Burg, dass du mir helfest!* (Ps 31,3)
> *Der Herr ist mein Hirte.* (Ps 23,1)
> *Du bereitest vor mir einen Tisch im Angesicht meiner Feinde.* (Ps 23,5)

Diese Verse sind nur wenige Beispiele für die zahlreichen Bilder, in denen die verschiedenen Autoren der Bibel uns etwas von Gottes Wirklichkeit mitteilen.

Das andere ist, dass wir ohne Vorstellungen gar nicht leben können. Legen Sie kurz einmal das Buch zur Seite und denken Sie an das letzte Angenehme, was Sie vorher gemacht haben oder als Nächstes tun wollen.

ÜBUNG:
Wenn ich darüber nachdenke, sehe ich mich mit meinen Katzen auf dem Sofa sitzen und mit ihnen spielen. Wenn ich an heute Abend denke, dann sehe ich mich mit meiner Bekannten in der Küche stehen, weil wir miteinander kochen wollen.

Jetzt gehen wir noch einen Schritt weiter: Wenn Sie an das denken, was Sie vorher gemacht haben oder was Sie nachher tun wollen, wie geht es Ihnen dann?

Wenn ich an das Spielen mit meinen Katzen denke, dann spüre ich die entspannte Situation wieder in mir, denke ich an heute Abend, stellt sich Freude ein.

Mit unseren Bildern verbinden sich sofort auch Gefühle, die wir umso besser spüren können, je mehr wir uns eine Situation vorstellen können. Wichtig ist, dass die Bilder und Gefühle, die wir dann wahrnehmen, uns grundsätzlich zu unseren Ressourcen führen, die wir dann nutzen können.

Nun machen Sie noch einen letzten Schritt: Stellen Sie sich noch einmal eine der beiden Situationen vor und nehmen Sie das Gefühl oder die Gefühle wahr, die sich damit verbunden einstellen. Konzentrieren Sie sich auf diese und beobachten Sie, wo im Körper Sie sie spüren.

Wenn ich an mein Spielen mit den Katzen denke, dann nehme ich die Entspannung vor allem in der Brust wahr und in den Kieferhöhlen, in die hinein ich einatme. Denke ich an heute Abend, spüre ich ein Prickeln im ganzen Körper.

Um das Gefühl zu verstärken und später wieder besser abrufen zu können, können wir uns jetzt noch Form und Farbe dazu vorstellen.

Meine Entspannung in der Brust hat etwas von „hellgrünen Schlieren“, die durch meine Atemwege „wabern“, das prickelnde Gefühl von Freude im ganzen Körper fühlt sich an wie „rotorange aufplatzende Tröpfchen“.

Je mehr wir die Vorstellung von Form und Farbe, Körpergefühl und Gefühl wahrnehmen und in einem bestimmten Bereich unseres Körpers miteinander verbinden, also einen somatischen Marker setzen, desto leichter gelingt es uns in anderen Situationen, diese Ressourcen wieder abzurufen.

Mit gutem Grund haben die Autoren oft Bilder, Gleichnisse und Metaphern in der Bibel verwendet. Unser Problem ist, dass wir wenig geübt sind, was wir uns genau vorstellen, was wir gefühlsmäßig und körperlich wahrnehmen. Dabei ist unser Gehirn so konstruiert, alles ganzheitlich zu erleben und abzuspeichern (I.1). Dieses Wissen können wir natürlich auch in der Seelsorge stärker nutzen.

Gehen Sie noch einmal zurück zum Anfang des Kapitels und suchen Sie sich eines der Bilder aus. Gut ist es, wenn es zu Ihrer Situation passt. Angenommen, Sie fühlen sich in Ihrem Umfeld gemobbt, dann könnten Sie jetzt Psalm 23,5 wirken lassen.

ÜBUNG:

Was genau stellen Sie sich vor, wenn Gott einen Tisch im Angesicht Ihrer Feinde bereitet? Was genau sehen Sie? Wo ist das, in einem Haus, auf einem Feld, im Wald, im Gebirge oder am Meer? Wo und wer sind Ihre Feinde und wie gelingt es Gott, die Feinde von ihnen abzuschirmen, damit sie Sie nicht angreifen können? Wo genau steht der Tisch und wie sieht er aus? Wie groß ist er, welche Farbe hat er, aus welchem Material ist er? Und was ist auf dem Tisch? Hat er eine Tischdecke oder vielleicht Platzdeckchen? Teller, Tassen, Gläser, einen Krug, Brot und Wein oder eher ein Steak mit Gemüse und Obst? Gibt es Stühle oder eine Bank? Und wo genau sind Sie?

Wenn Sie alles mit Ihrem inneren Auge wahrgenommen haben, wenden Sie sich Ihren anderen Sinnen zu: Ihren Ohren, Ihrem Tastsinn, Ihrem Geschmack und Geruch.

Wenn Sie nun Gast bei Gott sind, während Ihre Feinde irgendwo draußen toben und Gott für Sie sorgt, welches Gefühl macht sich in Ihnen breit? Wo spüren Sie es körperlich und welche Form und Farbe hat es?

Gehen Sie als Nächstes für einen kurzen Augenblick in Ihre missliche Lage und kommen Sie augenblicklich wieder zurück an den Tisch Gottes. Nehmen Sie diesen Ort aus Psalm 23 wieder mit allen Sinnen wahr, setzen Sie sich bewusst hin, lassen Sie die Szene auf sich wirken und rufen Sie Gefühl und Körpergefühl erneut ab.

Wenn Sie möchten, wiederholen Sie diese Übung noch ein- oder zweimal und danach täglich zu einer von Ihnen festgelegten Zeit. Sie werden schnell merken, dass Sie einen besseren Zugang zu Ihren Ressourcen haben und gelassener in der schwierigen Situation bleiben können.

Auch bei dieser Übung geht es also zunächst darum, eigene Ressourcen zu aktivieren, um sich der Situation stellen zu können. Gott kann und wird durch unsere Sinne und unseren Körper hindurch handeln. Zusätzlich können wir in der Wirklichkeit, die uns von außen aus der unsichtbaren Welt zugesagt wird, fest stehen und darauf vertrauen, dass wir uns – egal, wie die Sache ausgeht – in Gottes Versorgen und Schutz bergen dürfen. Diese unsichtbare Wirklichkeit wird uns in vielen Situationen verborgen bleiben – doch sind wir fest gegründet in dem, was über Sehen und Hoffen hinausgeht und über unser Hier und Jetzt hinaus bestehen bleibt.

Im seelsorglichen Gespräch können wir mit diesen biblischen Bildern arbeiten. Wir haben darüber hinaus auch die Möglichkeit, mit Vorstellungen im Allgemeinen zu arbeiten, um Ressourcen zu aktivieren.

FALLBEISPIEL:
Eine Seelsorgerin hatte neu angefangen und großen Respekt vor einer umfangreichen Aufgabe, die ihr bevorstand. Sie arbeitete mit ihrer Supervisorin daran, sich vorzustellen, was sie tun würde, wenn das erste Gespräch mit ihrer Klientin gut verlaufen würde. Nachdem sie sich vorgestellt hatte, dass sie eine Kollegin stolz und glücklich anrufen würde, um ihr von dem gelungenen Gesprächsverlauf – nicht von dem Inhalt an sich(!) – zu berichten, stellte sich bereits dieser Stolz als Zielgefühl ein. Sie nahm, während sie sich ein gelungenes Ende sehr genau ausmalte, immer mehr ihre Kompetenz als Seelsorgerin wahr und fühlte

sich plötzlich leicht und energiegeladen. Außerdem freute sie sich auf einmal auf die vor ihr liegende Aufgabe. Das Gefühl, diese seelsorgliche Kompetenz zu besitzen, nahm sie in ihrem Bauch wahr, es hatte die Form eines großen roten Balls. Diesen konnte sie sehr gut wahrnehmen und während des Erstgesprächs mit ihrer Klientin immer wieder abrufen, sodass die Sitzung tatsächlich gelang.

Während der Erarbeitung ihres Kompetenzgefühls war die Rede nicht von Gott, doch war er für sie permanent anwesend. Denn sie wusste und glaubte, dass sich ihr Schöpfer in ihrer Geschöpflichkeit zeigte, ihr half, sich an ihre Ressource zu erinnern und sie freisetzte, um gute Gedanken für das Gespräch mit ihrer Klientin zu entwickeln.

7. Von innen nach außen: Externalisierungen von Symptomen und Problemen, dem Inneren Kind und anderen Teilen

Konnten Sie sich schon einmal schlecht konzentrieren, weil Sie sich geärgert haben?

FALLBEISPIEL:
Vor einigen Jahren unterrichtete ich eine Gruppe von angehenden Beratern. Ein Teilnehmer wurde zu Beginn des Seminars mehrfach von seinem Chef in der Firma angerufen, weil eine Sache in der Produktion nicht klappte. Der Mann war mit der Zeit sichtlich genervt und gar nicht bei der Sache.

Wenn wir aufgewühlt sind, haben wir wenig Zugang zu unseren Ressourcen, sondern sind eher mit den Problemen unseres Alltags verbunden. Nun können wir Ärger in der Regel nicht einfach so wegpusten. Er ist ein wichtiges Gefühl, das uns etwas über uns selbst mitteilen möchte. Ärger fühlen wir häufig, wenn unsere Grenzen überschritten werden. Es ist zunächst ein angemessenes Gefühl, denn mit ihm sind wir in der Lage, die Wahrung unserer Grenzen einzufordern. Aus diesem Grund wäre es gar nicht gut gewesen, zu versuchen, das Gefühl zu unterdrücken oder irgendwie loszuwerden. Andererseits war der Teilnehmer so erregt, dass es ihm schwerfiel, im Hier und Jetzt zu bleiben und die Unstimmigkeiten in seiner Firma außen vor zu lassen.

Um ihm wieder einen besseren Zugang zu seinen Ressourcen zu ermöglichen, habe ich ihm angeboten, seinen Ärger zu externalisieren. Zunächst hat er sich einen Ort ausgedacht, wo sein Ärger platziert werden könnte: Er hat ihn draußen vor dem Fenster an den Ast einer großen Eiche gehängt. Dann bekam der Ärger Form und Farbe: schwarz und von der Form wie ein kleines Paket, das gut verschnürt ist. Es war aber nicht so leicht, wie man das von einem kleinen Paket annehmen könnte, sondern eher so schwer, als wenn es ein großes Buch enthielte. Dann haben wir darüber nachgedacht, was er tut, damit dieses Paket dort hängen bleibt. Für ihn hat es nicht ausgereicht, dass es dort hing – manchmal ist es genug, wenn die Person die Sache irgendwohin stellt, hängt oder legt –, sondern er hat noch ein großes Fischernetz drum herumgespannt. Nachdem das Paket so gesichert im Baum hing, konnte er sich wieder den Kursinhalten zuwenden.

Wenn wir Zeit gehabt hätten, hätte ich mit ihm überlegt, wozu sein Ärger gut ist, was er von ihm will und ihm sagen oder raten möchte, um dann je nach Ergebnis darüber zu sprechen, was er mit dem Paket anfangen will. Denn selbst, wenn uns die externalisierte Angelegenheit sehr ärgert, sie hat einen guten Grund dafür, weshalb sie da ist, und den sollten wir versuchen herauszufinden.

FALLBEISPIEL:
Eine Klientin, deren Eltern beide Alkoholiker sind, externalisierte in einer Sitzung einmal ihre Angst, die sie immer wieder in allen möglichen Situationen plötzlich überfiel. Bei der Frage, wozu die Angst da ist und was sie von ihr will, fiel ihr ein, dass die Angst wie ein bester Freund ist, denn sie ist immer da, absolut verlässlich. Mit dieser Übung wurde ihr klar, dass ihre Angst, gegen die sie bisher immer gekämpft hatte, eine wichtige Ressource ist, die von ihr beachtet werden will. Als sie diese erstaunliche Entdeckung machte, konnte sie sich mit ihren Ängsten annehmen. Das Spannende daran ist, dass mit diesem Augenblick ihre Ängste weniger wurden.

Externalisierungen sind für die meisten Ratsuchenden bei der ersten Anleitung gewöhnungsbedürftig. Was machen wir da eigentlich?

Wir betrachten etwas, was wir an oder in uns als unangenehm wahrnehmen, aus der Distanz. Dazu holen wir es sozusagen aus uns heraus, verdinglichen es, indem es Form und Farbe und ggf. auch ein Material zugesprochen bekommt. Dadurch lässt es sich vom Ratsuchenden anders kontrollieren und vor allem betrachten. Außerdem, das ist ganz wichtig, platziert der Klient dieses Unangenehme in einem guten Abstand von sich. Es sollte ihn keinesfalls „anspringen" können, auch sollten wir klären, ob es da bleibt oder wie es noch gesichert werden sollte. Letztlich ist eine Externalisierung eine Distanzierungsmethode, bei der der Ratsuchende auf das Unangenehme in ihm von außen draufsehen kann und es dadurch anders wahrnimmt. Das führt dazu, dass der Klient sich wieder handlungs- und gestaltungsfähiger fühlt und Zugang zu seinen Ressourcen findet.

Externalisiert werden kann alles, was sich unangenehm anfühlt, angenehme Gefühle wollen wir ja auch gerne behalten. In den meisten Fällen handelt es sich um unangenehme Gefühle wie Ängste, Ärger, Enttäuschung, Scham oder Trauer.

Genauso gut können aber auch Schmerzen oder Krankheiten externalisiert werden. Das hat nichts mit einer außergewöhnlichen Heilung zu tun, sondern damit, dass die Aufmerksamkeit auf etwas anderes gelenkt werden kann. So habe ich mit einem Supervisanten einmal in einer Sitzung seine Kopfschmerzen für die Zeit der Sitzung an die Lampe gehängt und er konnte sich in der Sitzung besser einbringen. Wir wissen, dass Schmerzen meistens eine wichtige Funktion ausüben, dennoch können wir lernen, unsere Aufmerksamkeit für eine Weile auf etwas anderes zu richten; die Externalisierung hilft dabei.

In meiner Praxis gelingt es den meisten Ratsuchenden gut, ihnen Unangenehmes zu externalisieren. Aber manchmal bedeutet es auch harte Arbeit. So kann es passieren, dass es einem Ratsuchenden schwerfällt, sich wirklich von dem Gefühl zu trennen, ihm Form und Farbe zuzuweisen oder dafür zu sorgen, dass das Gefühl da bleibt, wo er es platziert hat. In diesen Fällen ist es wichtig, die kleinen Schritte zu feiern, immer wieder bis zu dem Schritt zurückzugehen, wo die Übung noch geglückt ist, und alles an Unterstützung anzubieten, damit die Externalisierung für einige Augenblicke gelingen kann.

Ebenso kann es passieren, dass das Unangenehme nicht gleich betrachtet werden kann. Manche Dinge brauchen Zeit, denken Sie z. B. an ein schmerzhaftes Verlustgefühl, das dem Ratsuchenden beim Betrachten den Magen umdreht. In solchen Fällen ist es wichtig zu überlegen, ob der Ratsuchende das externalisierte Gefühl wieder mitnehmen möchte oder wo er es zwischenlagern will, um sich ihm nach und nach zu nähern.

Eine besondere Form besteht bei der Externalisierung von Inneren Kindern oder jugendlichen Anteilen. In der Regel beginnt die Übung auch hier bei einem Gefühl, z. B. mit einer Angst. Manche im Jetzt erlebten Gefühle gehören gar nicht in das Hier und Jetzt, sondern sind lang bekannte Gefühle, die durch eine Situation in der Gegenwart wieder wachgerufen werden, weil die Assoziationsmuster dazu aufgerufen werden. Wenn wir oder der Ratsuchende selbst merken, dass das Gefühl nichts mit der Gegenwart zu tun hat, weil es z. B. zu heftig oder unpassend für die bestimmte Situation erscheint, bietet sich die Frage an, wie alt dieses Gefühl ist. Häufig entdeckt der Klient einen kindlichen oder auch jugendlichen Anteil, den er nicht annehmen und dadurch nicht in seine Person integrieren kann. Die Praxis zeigt, dass wir uns gegenüber diesen Anteilen so verhalten, wie wir es von den Erwachsenen um uns her in dem entsprechenden Alter gelernt haben. Wenn sich z. B. der kindliche Anteil nicht angenommen fühlt, dann wird der heutige Erwachsene mit diesem Anteil genauso umgehen, nämlich ihn ablehnen. Wenn ein kindlicher Anteil alles richtig machen will und Angst vor Fehlern hat, dann wird der heutige Erwachsene diesen Anteil wahrscheinlich verurteilen.

Externalisierungen sind für die meisten Ratsuchenden bei der ersten Anleitung gewöhnungsbedürftig.

Wir verhalten uns in diesen Fällen genauso wie damals zu der Zeit, in der dieser Anteil entstanden ist, und reinszenieren dadurch unbewusst das bekannte Muster, ohne es zu lösen. Durch die Externalisierung eines solchen Anteils – in diesem Fall natürlich nicht mit Form oder Farbe, sondern mit Aussehen, Kleidung, Körperhaltung und Befinden – wird es dem Ratsuchenden möglich, den ungeliebten Anteil von außen zu betrachten und sich ihm anzunähern. Manchmal besteht bereits ein guter Kontakt zwischen dem Ratsuchenden und dem Inneren Kind, dann kann gemeinsam überlegt werden, was die beiden zu einer festgelegten Zeit gemeinsam tun könnten, was das Kind in der Vergangenheit gebraucht hätte, um nachzureifen und zu heilen. Häufig muss aber erst ein Kontakt hergestellt werden, indem sich der Ratsuchende dem Kindanteil erst einmal langsam nähert.

FALLBEISPIEL:
Eine Klientin hatte überhaupt keinen Zugang zu ihrem Inneren Kind und fand es so furchtbar, dass sie es in den dunklen engen Flur meiner damaligen Praxis setzte und die Tür zum Beratungszimmer schloss. Ihr war schon klar, dass sie einen Teil von sich (und zudem noch ein Kind) in die dunkle Kälte sperrte, aber sie konnte ihn kaum in ihrer Nähe ertragen. Zum Ende der Sitzung gelang es ihr dann, die Tür zu öffnen und sich neben das Kind auf den Boden zu setzen. Für sie war das ein großer Schritt, denn dieses Innere Kind in ihr litt und hatte in seiner Kindheit nicht erlebt, dass jemand kam und sich kümmerte, wenn es allein war. An dieser Stelle unterbrach die Ratsuchende nun ihre Reinszenierung und erarbeitete sich eine erste Lösungsidee. In den folgenden Sitzungen konnten wir besprechen, wie und wann sie sich mit diesem Kindanteil verabreden sollte, um sich zu kümmern, seinem Kummer zuzuhören und ihn zu trösten. Der kindliche Schmerz konnte endlich heilen.

Bei der Arbeit mit dem Inneren Kind ist enorm wichtig, im Blick zu behalten, dass sich hier auch schnell alte Traumata zeigen können. Wenn es dem Ratsuchenden nicht gelingt, im Hier und

Jetzt zu bleiben, sondern er so getriggert wird, dass der Klient seinen Kindanteil nicht mehr von außen betrachten kann, sollte der Seelsorger die Arbeit unterbrechen und dem Klienten mithilfe von einfachen Fragen und Sinneswahrnehmungen helfen, sich wieder in die Gegenwart zurückzuorientieren. (III.3.3)

Neben Inneren Kindanteilen lassen sich auch andere Teile externalisieren und betrachten. Wenn beispielsweise ein Ratsuchender ständig einen inneren Bewerter wahrnimmt, der alles Tun und Denken kommentiert, können wir den Ratsuchenden bitten, diesen Bewerter einmal auf einen anderen Stuhl zu setzen, und mit dem Klienten zusammen überlegen, wozu der Bewerter wichtig ist, was er dem Ratsuchenden mitteilen will, was er von ihm braucht ... In diesem Fall kann der Klient auch einmal als Bewerter auf dem Stuhl Platz nehmen und aus dessen Sicht sein Anliegen wahrnehmen.

In der Seelsorge können Externalisierungen ebenfalls sehr helfen, wenn es z. B. darum geht, sich unangenehme Gefühle anzusehen, die zudem auch noch nach christlichem Maßstab nicht sein sollen. Dabei ist zu beachten, dass es zunächst darauf ankommt, diese Gefühle wahrzunehmen und den guten Grund zu finden, weshalb sie vorhanden sind. Nur was wir in die Hand nehmen und uns ansehen, können wir dann auch loslassen.

Bei der Arbeit mit kindlichen und jugendlichen Anteilen hilft Ratsuchenden mitunter die Vorstellung, dass Jesus die Kinder zu sich ruft und sich besonders gerne um sie kümmern will. Da diese Ichs in dem entsprechenden Alter sind, hat der Vers *Lasset die Kinder und wehret ihnen nicht, zu mir zu kommen; denn solchen gehört das Himmelreich* (Mt 19,14) durchaus seine Gültigkeit und ist für viele ein Trost.

Bei der Arbeit mit kindlichen und jugendlichen Anteilen hilft Ratsuchenden mitunter die Vorstellung, dass Jesus die Kinder zu sich ruft und sich besonders gerne um sie kümmern will.

In manchen Fällen ist aber die Nähe zu Gott für kindliche oder jugendliche Anteile nicht geeignet: Wenn in dieser Zeit etwas sehr Leidvolles passiert ist, z. B. der Tod eines Elternteils, kann es passieren, dass genau dieser Anteil mit Glauben, Jesus oder Gott nichts zu tun haben will, obwohl der Erwachsene glaubt. In diesem Fall ist es wichtig, den Anteil nicht zu einer Begegnung mit Gott zu zwingen, sondern ihn behutsam aus seinem Leid zu helfen, bevor er möglicherweise bereit ist, auch Gottes Nähe zuzulassen.

8. Vom eigenen Maßstab: Einsatz von Skalen

„Wie geht Ihnen?“, fragte mein damaliger Arzt. „Wie stark waren Ihre Schmerzen auf einer Skala von 1 bis 10?“

„3,5“, antwortete ich.

Daraufhin nahm er ein Blatt Papier, machte einen zehn Zentimeter langen Strich und reichte es mir.

„Machen Sie mal einen Querstrich, ganz nach Ihrem Gefühl.“

Ich tat es und gab ihm das Blatt zurück. Daraufhin zückte er ein Lineal und maß nach.

„Tatsächlich“, meinte er erstaunt, „Sie haben den Strich genau bei 3,5 gesetzt.“

Ich werde dieses Erlebnis nicht so schnell vergessen, weil ich es etwas eigenartig fand. Es war auch meine erste Begegnung mit dem Einsatz einer Skala. Ich habe damals begriffen, dass sich Schmerz so für den Arzt messen und auch mit weiteren Terminen besser vergleichen lässt. Der eine Patient redet von Schmerz, ohne das Gesicht zu verziehen, ist aber schon bei Neun, der andere jammert und tut dies aber schon bei einer Drei.

Skalen helfen, Dinge subjektiv für den jeweiligen Augenblick messen zu können. Dadurch lassen sich Unterschiede wahrnehmen und betrachten.

„Der Unterschied macht den Unterschied“, sagt Steve de Shazer, mithilfe von Skalen können wir diese gemeinsam mit unserem Ratsuchenden erarbeiten.

Skalen eignen sich in der Regel mit einer Abstufung von 1 (oder 0) bis 10 oder von 10 (0) bis 100. Welche Unterteilung gewählt wird, ist letztendlich Geschmackssache; ich habe die Erfahrung gemacht, dass mit der Skalierung von 10 bis 100 schnell Prozente verbunden werden, weshalb ich lieber eine Skala von 1 bis 10 verwende. Wichtig bei der Verwendung ist, dass die beiden Pole geeicht werden, wobei es zwei verschiedene Arten gibt:

In manchen Fällen wollen wir wissen, wie stark ein Gefühl ist, z. B. die Angst beim U-Bahnfahren. Dann wird die Zahl auf der Skala natürlich mit zunehmender Stärke der Angst größer.

Im lösungsorientierten Kontext dagegen, bei dem es auf die Unterschiede ankommt, wird die Ressource oder die Lösung eines Problems in Richtung der größeren Zahl verbunden, d. h. die Veränderung soll Richtung 10 gehen, ohne unbedingt 10 werden zu müssen. Viele Klienten wollen gar nicht unbedingt auf der 10 landen, oft reicht eine 8 oder 9 aus. Sollte dagegen die 10 als Ziel gewählt werden, ist es gut, wenn die Skala nach oben hin offen ist, sodass es weitere Entwicklungsmöglichkeiten gibt.

BEISPIEL:

Skalen lassen sich vielfältig einsetzen. Wenn z. B. jemand regelmäßig während einer Trauerphase zu mir kommt, und er wünscht sich, dass seine Verzweiflung langsam der Annahme des Verlustes weicht, kann ich ihn fragen:

„Wo auf einer Skala von 1 bis 10, wenn 1 kaum angenommen und 10 starke Annahme des Verlustes bedeutet, befinden Sie sich in Ihrer Trauer?“

Angenommen die Person antwortet „bei 3“, dann kann ich ressourcenorientiert dort ansetzen und nachfragen:

„Was haben Sie denn bei 3 schon geschafft oder bewältigt? Woran merken Sie das? Wann ist es vielleicht sogar schon einmal 3,5? Was machen Sie schon anders?“

In einem weiteren Schritt können wir erarbeiten, was ein erstrebenswertes Ziel wäre. Möglicherweise lautet die Antwort für den Augenblick „6,5“. Was auch immer es ist, es ist in Ordnung und kann morgen schon anders aussehen.

Nun können wir miteinander besprechen, was die Person bei der 6,5 anders machen würde, woran sie merken würde, dass sie bei 6,5 angekommen ist, wie es ihr dann gehen würde, usw. Wenn sich das angenehme Zielgefühl einstellt, können wir wieder ins Präsens wechseln, die Person wird ihrem Ziel 6,5 etwas näher gekommen sein. (Teil IV.3.3)

Skalen können Ratsuchenden auch helfen, um tägliche Unterschiede bei sich selbst wahrzunehmen. Dies bietet sich vor allem in Krisensituationen an, damit sie lernen, dass es auch etwas bessere Zeiten am Tag gibt, in denen ihnen ein wenig mehr gelingt, als zu anderen Tagesabschnitten. Dadurch werden trotz Krise eigene Ressourcen wahrgenommen, was als sehr ermutigend erlebt wird.

Skalen setzen wir auch häufig als Ressourcenbarometer ein. Hier geht es weniger darum, von einem unangenehmen zu einem angenehmen Zielgefühl zu gelangen, als vielmehr darum, sich den Zugang zu einer eigenen Ressource zu erarbeiten und sie abrufen zu lernen. Lediglich die Ressource auf der Skala zu betrachten, hilft bei der Aufmerksamkeitsfokussierung, denn sonst besteht die Gefahr bei der Arbeit mit der Skala, immer wieder auch das erlebte Defizit vor Augen zu haben.

FALLBEISPIEL:
Ein Klient wünschte sich mehr innere Ruhe, um beten zu können. Nachdem wir geklärt hatten, was er schon versucht hatte –, das müssen wir ja dann nicht noch einmal erarbeiten – hat er seine Ressource „innere Ruhe“ für den Augenblick skaliert (3). Sein Ziel war, auf eine 8 zu kommen. Nun haben wir darüber gesprochen, wann er schon einmal auf einer 8 war, was er mit einer 8 verbindet und wie es wäre, auf einer 8 zu sein. Welches innere Bild verbindet er mit der Zahl 8? Er überlegte sich, dass ein leise dahinplätschernder Bach, der sich sanft durch eine Sommerwiese mit bunten Blumen schlängelt, am besten dafür stehen könnte.

„Und wenn Sie diesen leise dahinplätschernden Bach, der sich sanft durch die Sommerwiese schlängelt, wahrnehmen, wie ist es dann?“, fragte ich.

„Dann merke ich, wie ich die Augen schließe und meine Atmung ruhiger wird.“

„Und wenn Sie die Augen schließen, die Atmung ruhiger wird und Sie den leise dahinplätschernden Bach hören, was ist dann anders?"

„Dann fällt alles von mir ab und ich werde ruhiger."

„Auf einer Skala von 1 bis 10, wenn 1 kaum bedeutet und 10 ganz und gar ruhig, bei welcher Zahl sind Sie dann gerade?"

„Auf einer 7,5."

„Okay, und wo genau im Körper spüren Sie, dass Sie ruhig sind?"

„Hier, in der Brust vor allem."

„Wenn das Gefühl in Ihrer Brust eine Form oder Farbe hätte, wie wäre es dann?"

„Hm, vielleicht am ehesten so etwas wie ein blauer Luftballon, der sich langsam mit Luft füllt."

„Okay, wenn Sie diesen blauen Luftballon in Ihrer Brust wahrnehmen, wie stark auf der Skala nehmen Sie dann das ruhige Gefühl wahr?"

„Jetzt bin ich vielleicht auf einer 8,5."

„Was können Sie tun, um dieses Gefühl, das mit dem blauen Luftballon in Ihrer Brust verknüpft ist, für Ihre Gebetszeit wieder abrufen zu können? Gibt es ein Wort, einen Satz, ein Symbol oder Bild?"

„Ich könnte mir vorstellen, dass der Heilige Geist, der in mir wohnt, den blauen Luftballon aufpustet. Wenn ich ein- und ausatme, will ich bewusst wahrnehmen, wie der Luftballon langsam größer wird, bis er die richtige Größe hat. So werde ich versuchen, ruhig zu werden, um dann beten zu können."

„Okay, welche Zahl auf der Skala ist für Sie zunächst einmal erstrebenswert?"

„Na ja, eine 8 wäre natürlich toll. Vielleicht sollte ich mit einer 6 erst einmal zufrieden sein und mich freuen, wenn das Gefühl gleich stärker ist."

„Gut. Wäre es für Sie in Ordnung, wenn Sie sich täglich eine Notiz machen, wo auf der Skala Sie sich gerade befinden und was bei dieser Ziffer anders ist, als wenn Ihr

Gefühl eine Ziffer niedriger wäre? Was Sie anders machen, möglicherweise auch in der Wahrnehmung Ihres Bildes, Ihrer Körperwahrnehmung oder in anderen Dingen?"

„Ja, das werde ich tun."

So und ganz anders könnte der Einsatz einer Skala aussehen, um eine Ressource zu verstärken und abrufbar zu machen. Je nachdem wie geübt ein Ratsuchender ist, kann das Gespräch so kurz ausfallen, wie in diesem Beispiel. Häufig werden wir ihn aber bei der Körperwahrnehmung, beim Finden eines inneren Bildes, bei der Verknüpfung mit seinem Gottesbild und bei anderen Fragestellungen mehr unterstützen müssen.

9. Wer oder was ist hier? Aufstellungen zeigen Wechselwirkungen im System auf

An einem sonnigen Frühlingsmorgen stehe ich am Zaun und beobachte unsere Stutenherde beim Grasen. Sie stehen teilweise vereinzelt, teilweise in Gruppen ruhig beieinander. Plötzlich kommt Bewegung in die Herde. Meine braune Stute ist dicht an eine andere Stute herangetreten und hat dadurch ihren Anspruch auf das Fleckchen Gras deutlich gemacht. Da auch Pferdeherden soziale Systeme darstellen, verändern nicht nur diese beiden Tiere ihre Position, sondern alle im System suchen sich einen neuen Platz. Wie von einem unsichtbaren Faden gezogen, verhalten sich Pferde nach bestimmten Regeln und finden immer wieder neu ihre Positionen zueinander. Dieses Wissen eignen sie sich durch Körpersprache, Erleben und „Bilder" an und nutzen die Areale des Gehirns, auf die auch wir Menschen bei Aufstellungen zurückgreifen. Sobald wir anfangen, über unser Tun bei Aufstellungen nachzudenken und zu reflektieren, wenn wir also kognitiv Mitglieder eines Systems zueinander stellen wollen, fällt das in der Regel schwer.

Der Wunsch nach Wachstum, Erweiterung der Fähigkeiten und Kenntnisse stammt aus der Grunderfahrung als Säugling, jeden Tag ein bisschen mehr zu können oder ein Stück größer zu sein; der Wunsch nach Verbundenheit aus der Grunderfahrung der absoluten Bindung im Mutterleib.

Außerdem spiegeln Pferde „in ihren Aufstellungen" die beiden menschlichen Grundbedürfnisse von Autonomie und Verbundenheit wider, sodass sozial gehaltene Pferde gute Partner für systemisches Einzel- und Teamcoaching sind.

Jedes Thema einer Aufstellung lässt sich letztlich auf diese beiden Grundbedürfnisse zurückführen. Der Wunsch nach Wachstum, Erweiterung der Fähigkeiten und Kenntnisse stammt aus der Grunderfahrung als Säugling, jeden Tag ein bisschen mehr zu können oder ein Stück größer zu sein (Teil I.3); der Wunsch nach Verbundenheit aus der Grunderfahrung der absoluten Bindung im Mutterleib (Teil II.1.2). Egal, ob es um Konflikte, um Ängste, Abgrenzung oder berufliches Vorwärtskommen geht, jedes Thema berührt irgendwo die Frage, wie eine gute Balance zwischen dem Streben nach Autonomie und Verbundenheit gelingen und wie eine Veränderung im jeweiligen System gelebt werden kann.

Betrachten wir das System des dreieinen Gottes, dann finden wir dort Autonomie und Verbundenheit in perfekter Balance. Jede Person hat ihre eigenen Aufgaben und ist abgegrenzt von der anderen und dennoch sind sie in vollkommener Harmonie miteinander verbunden.

Diese beiden Grunderfahrungen sind in uns Menschen hineingelegt worden, doch buchstabieren wir unser Leben lang auf vielfältige Art und Weise durch, wie wir Autonomie und Verbundenheit für uns und in unseren Systemen in eine gute Balance bekommen.

Betrachten wir noch einmal Jabez (II.3.2), dann stellen wir auch hier fest, dass es ihm um diese beiden Grundthemen ging:

> *Jabez war angesehener als seine Brüder. Und seine Mutter nannte ihn Jabez; denn sie sprach: Ich habe ihn mit Kummer geboren. Und Jabez rief den Gott Israels an und sprach: Ach dass du mich segnetest und mein Gebiet mehrtest und deine Hand mit mir wäre und schafftest, dass mich kein Übel bekümmere! Und Gott ließ kommen, worum er bat.* (1 Chr. 4,9–10)

Jabez sehnt sich nach mehr Raum, er wünscht sich, dass seine Grenzen weiter werden, dass er seine Fähigkeiten und Kompetenzen ausbauen kann, kurz, er strebt nach mehr Autonomie. Indem er nun in seinem Herkunftssystem autonomer wird, muss er sich unweigerlich mit dem anderen Thema, mit der Verbundenheit, hier anscheinend vor allem zur Mutter, auseinandersetzen. Indem er sich sein Mutterthema, in Schmerz geboren zu sein und dies zum Namen zu haben, anschaut und sich damit aussöhnt, erlangt er mehr Autonomie. Zugleich verändern sich die Beziehungen zu seinen Brüdern – er wird angesehener und vermehrt geachtet. Damit nicht genug: Die Herkunftsfamilie des Jabez gehört zum Stamm Juda, aus dem später Jesus stammen wird. Die Veränderung, die Jabez durch Gottes Eingreifen erfährt, hat letztlich auch Auswirkungen auf den gesamten Stamm, auch wenn wir das für Jabez und Juda hier nur erahnen können. Trotzdem ist dieser Gedanke enorm wichtig: Anscheinend war die Veränderung, die Jabez erlebt hat, in seiner Auswirkung passend für das System Juda und für den Plan Gottes, Jesus in Juda einzugliedern.

Wenn wir Aufstellungen vornehmen, um z. B. Veränderungen zu überdenken, ist es wichtig, auch auf weitreichende Auswirkungen zu achten. Manche neue Position, manches Gebet schafft zu viel Bewegung im System und von daher zu viel Unruhe. Oder es hat weitreichende Konsequenzen, die in eine schwierige Richtung führen.

Aufstellungen können in jedem Setting, egal ob im Einzel-, Paar-, Familien- oder Teamsetting durchgeführt werden. Um die Wechselwirkungen in einem System zu betrachten, benötigt man Platzhalter für die Repräsentanten, die in einem Einzelsetting durch Figuren oder Tiere dargestellt werden können, aber ebenso gut durch Münzen, Knöpfe, Steine, Bonbons u.a.m. Genauso gut können leere Stühle oder Papier als Platzhalter auf dem Boden verwendet werden. Je mehr räumlich gearbeitet wird, z. B. indem sich der Klient auf den Bodenanker aus Papier stellt oder auf den jeweils leeren Stuhl setzt, umso mehr wird die jeweilige Position des Repräsentanten für ihn spürbar.

Die intensivste Wirkung stellt sich in der Regel bei Aufstellungen mit Personen ein, die sich als Repräsentanten zur Verfügung stellen. Deshalb sollte eine Systemaufstellung mit Personen auch nur jemand leiten, der dafür gut ausgebildet ist und sehr sorgfältig auf das Ergehen aller beteiligten Personen achtet.

Wenn Sie eine Aufstellung im Einzelsetting vornehmen, wählt die Person Platzhalter für die Mitglieder des Systems aus und stellt sie zueinander in Beziehung auf, sodass die Grundthemen Autonomie und Verbundenheit deutlich werden. Der Klient nimmt die einzelnen Mitglieder in ihrer Wechselwirkung zueinander wahr und erlangt dadurch eine neue Perspektive auf seine Fragestellung. Will er sich verändern, wählt bzw. konstruiert er eine neue Position, die er nach der Veränderung einnehmen wird, und betrachtet dann die Auswirkungen im System dazu. Zuletzt wird überlegt, wie sich durch diese Veränderung die Position der anderen Mitglieder zu dem Ratsuchenden verändern wird und ob diese Auswirkung so gewollt ist.

Will der Klient eher ein Problem in einem System betrachten, kann er auch diesem einen Platzhalter geben und ihn mit den anderen Platzhaltern zusammen aufstellen. Hier geht es darum zu schauen, welche Wechselwirkungen innerhalb des Systems gegenüber dem Problem deutlich werden und was mit den Mitgliedern im System passieren müsste, damit das Problem gelöst wird.

FALLBEISPIEL:
Ein Klient wollte gerne mehr Distanz zu seiner Schwester haben, denn er fühlte sich von ihr bevormundet. Der Seelsorger bat ihn daraufhin, ihn als Repräsentant für die Schwester irgendwo in den Raum zu stellen und sich selbst danach in Beziehung dazu. Nachdem der Klient dies getan hatte, standen Seelsorger und Klient sehr dicht zueinander in einer Ecke des sehr großen Raumes. Der Seelsorger gab daraufhin dem Klienten seinen Eindruck wieder, dass dieser selbst so dicht stehe, dass es ihm fast bedrohlich vorkomme und es möglicherweise sinnvoll wäre, selbst mehr Distanz zu der Schwester einzunehmen. Daraufhin probierte der Klient eine distanziertere Position für sich aus und stellte fest, dass er plötzlich wieder besser durchatmen konnte. Als Nächstes ließ der Seelsorger seinen Klienten einige Male den Weg von der nahen zu der entfernteren Position hin und her gehen, damit er die neue Position körperlich speicherte und dadurch immer wieder in der Begegnung mit der Schwester abrufen konnte.

In dieser kleinen Aufstellung werden folgende Punkte deutlich:

Der Klient erarbeitet sich eine neue Balance zwischen Autonomie (mehr Distanz zu der Schwester) und Verbundenheit (dadurch können beide wieder einander wahrnehmen). Er hat sich zuerst mit seinem Problem eher hilflos gefühlt, weil sich ja vordergründig das Verhalten der Schwester zu ihm ändern sollte. Nachdem er aber nun für sich selbst eine neue Position erarbeitet hat, spürt er selbst wieder eigene Gestaltungsfreiheit. Er speichert die neue Position körperlich ab und kann sie dadurch im Alltag wieder aufrufen. Der somatische Marker unterstützt ihn, aufgrund des Erlebens bei der Aufstellung auch eine distanziertere Position zu der Schwester einzunehmen.

Diese kleine Aufstellung lässt sich natürlich ausweiten, indem dieser Positionswechsel auch innerhalb der Herkunftsfamilie betrachtet wird. Dies könnte eine anschließende Fragestellung sein, wenn der Klient dazu den Auftrag erteilt.

IV.

Die seelsorgliche Praxis

1. Die Person des Seelsorgers

1.1 *Berufen zur Seelsorge – die eigene Rolle klären*

ÜBUNG:
Nehmen Sie sich ein paar Minuten Zeit und beantworten Sie sich folgende Frage: Welche Eigenschaften befähigen Sie persönlich, um als Seelsorger tätig zu sein? Welche Eigenschaften haben die Seelsorger, zu denen Sie selbst gehen würden oder wohin Sie gerne Leute schicken?

Welche Ressourcen sollte ein Seelsorger abrufen können?

Vielleicht haben Sie bemerkt, dass sich die obigen Fragen in einem Punkt wesentlich unterscheiden. Einmal ging es um die Persönlichkeit, die eine Person mitbringt, das andere Mal darum, welche Ressourcen im Seelsorgegespräch abrufbar sind. Für eine Person, die sich von ihrer Persönlichkeit her wenig für Menschen, sondern vor allem für Maschinen interessiert, gibt es vermutlich passendere Aufgaben, als die des Seelsorgers. Dennoch – eine der beiden Grunderfahrungen des Menschen ist das Gebundensein an einen anderen Menschen. Dadurch besteht auch bei dieser Person ein Grundbedürfnis nach Bindung und sie wird in der Regel Erfahrungen im Umgang mit Menschen gemacht haben. Es gibt also durchaus Ressourcen, die zum Umgang mit einem anderen Menschen befähigen. Die Assoziationsmuster sind vermutlich nur nicht stark ausgeprägt und schwer abrufbar. Ein ständiger Kontakt mit anderen Menschen wäre daher vermutlich eine Überforderung, dennoch kann man lernen, im Alltags-Notfall für jemand anderen da zu sein.

Eine andere Person ist von ihrer Persönlichkeit her sehr warmherzig und aufgeschlossen. Ein idealer Seelsorger, könnte man meinen. Wenn es ihr aber nicht gelingt, ihre Ressourcen in einem Seelsorgegespräch abzurufen, z. B. aufgrund von Schüchternheit oder schlechter Erfahrung, dann sollte sie dies erst einmal lernen.

Eine dritte Person kann von ihrer Persönlichkeit her gut mit Menschen umgehen, ist aber auch sehr ruhebedürftig und sensibel. Wenn es ihr nun gelingt, ihre Ressource, Menschen in Notsituationen nahe zu sein, in den Seelsorgegesprächen abzurufen und sich danach zurückzuziehen, um sich zu erholen, dann wird sie vermutlich ihre Aufgabe in einer guten Balance mit ihren eigenen Kräften bewältigen. Von außen betrachtet kann es für uns so aussehen, als ob diese Person ständig Menschen um sich braucht, und wir wären vielleicht sehr erstaunt, wenn sie für uns nach ihrer Gesprächszeit nicht mehr für uns erreichbar ist.

Kurz: Die Persönlichkeit eines Seelsorgers ist auch wichtig, wichtiger ist allerdings, ob es einem Seelsorger gelingt, in dem Kontext Seelsorge seine Ressourcen abzurufen, und wie sehr er bereit ist, immer wieder daran zu arbeiten, seine Kompetenzen zu erweitern.

Weiter ist es wichtig, zwischen Alltagsseelsorge und geplanten Seelsorgeprozessen zu unterscheiden. Alltagsseelsorge beginnt schon bei einem Gespräch zwischen Tür und Angel und sollte von jeder Person zu leisten sein. (Teil 2.1)

Daneben gibt es diejenigen, die aufgrund ihres Einfühlungsvermögens, ihrer Menschenkenntnis und ihres hohen Interesses am Ergehen von Menschen zum Seelsorger begabt sind und dies innerhalb und außerhalb der Gemeinde regelmäßig tun oder tun wollen. Wünschenswert ist auch ein hohes Maß an Selbstfürsorge; leider ist das eine Gabe, die bei Seelsorgern selten hoch ausgeprägt und manchmal noch gar nicht als Ressource zugänglich ist.

Zunächst einmal sollten Seelsorger gut zuhören können, was als Erstes bedeutet, die getroffene Aussage an sich und die damit verbundenen Gefühle zwischen den Zeilen hören und zusammenfassen zu können.

BEISPIEL:
Ein Klient klagt:

„Mit meinem Chef ist nicht gut Kirschenessen. Ständig weiß ich nicht, woran ich bin.“

Wenn Sie darauf sagen:

„Also, wenn ich das richtig verstehe, dann wissen Sie nicht, woran Sie mit Ihrem Chef sind“, dann ist dem Klienten nur wenig geholfen.

Gelingt es Ihnen stattdessen auch seine Gefühle zwischen den Zeilen zu hören und sie ihm in Frageform anzubieten, wird er sich verstanden fühlen.
„Sie sind ganz schön ärgerlich, dass Ihr Chef Sie darüber im Unklaren lässt, was er von Ihnen will, oder?“

Statt ärgerlich sind natürlich auch andere Gefühle denkbar, z. B. könnte der Klient unsicher oder traurig sein.

Viele tun sich am Anfang schwer mit dem Wahrnehmen von Gefühlen, was auch daran liegt, dass es zum einen Übung braucht zu wissen, wie es einem selbst geht, zum anderen, welche Gefühle es überhaupt gibt. Dazu hilft es, die Grundgefühle zu kennen: Ärger, Angst, Freude, Verachtung, Traurigkeit, Ekel und Überraschung. Diese sind in allen Kulturen gleich lesbar. Nun ist es wichtig, Unterschiede in der Erregung eines Menschen wahrzunehmen und bei der Zusammenfassung des Gesagten lieber das Gegenüber als erregter wahrzunehmen, als es sich in Wirklichkeit fühlt.

BEISPIEL:
„Mein Chef ist gestern richtig fies gewesen. Erst hat er mir drei dicke Ordner auf den Schreibtisch gelegt und sich dann zwei Stunden später tierisch darüber aufgeregt, dass ich das Anschreiben von vorgestern noch nicht fertiggestellt hatte.“

Welche Gefühle können Sie wahrnehmen? Wie geht es dieser Person? Möglicherweise ärgert sie sich. Gefühle des Ärgers sind

z. B.: unzufrieden, nervig, ärgerlich, zornig, grollend, wütend, grummelig, ...

Welche davon haben eher eine hohe, welche eine niedrigere Erregung? Und wie (auf der körperlichen Ebene) nehmen Sie Ihr Gegenüber wahr? Geben Sie ihm das im Gespräch zurück:

„Sie sind also total sauer auf Ihren Chef, dass er Ihnen so viel aufbrummt und dann Dinge verlangt, die Sie gar nicht schaffen konnten, oder?“

Oder Sie sagen:

„Die überzogenen Anforderungen machen Sie unzufrieden, oder?“

Welche Frage passt von Ihrem Gefühl her besser? Beide Fragen beinhalten das Gefühl des Ärgers, aber das Gefühl der Unzufriedenheit schafft eine niedrigere innere Erregung, als wenn jemand kurz davor ist, vor Wut zu platzen.

Wenn Sie eine niedrigere Erregung widerspiegeln, als sie es tatsächlich ist, fühlt sich der Ratsuchende nicht verstanden, bieten Sie dagegen hohes Erregungsniveau an, ist es nicht so schlimm, wenn es ihm nicht ganz so heftig geht. In dem Fall würde er dann z. B sagen:

„Na ja, total sauer bin ich nicht, aber ich finde es ungerecht von ihm. Darüber ärgere ich mich schon.“

Als Zweites bedeutet gutes Zuhören, dem Ratsuchenden dabei zu helfen, seine Not auszuhalten und in ihr seine eigene Lösung zu finden. Sie sind nicht in der Rolle des Arztes, Sie müssen also kein Rezept ausstellen. Eine Kollegin hat einmal formuliert, dass in dem Wort Ratschlag schon der Begriff Schlag enthalten ist, und so kann es sich tatsächlich auch bei Ihrem Gegenüber anfühlen. Wenn wir bei obigem Beispiel bleiben, könnte Ihnen jetzt einfallen:

BEISPIEL:
„Ich würde dringend um ein Personalgespräch bitten. Sonst macht er das immer wieder."

Oder die ganz fromme Variante:

„Haben Sie ihm schon vergeben?"

Ratsuchenden hilft es, wenn sie sich erst einmal selbst verstehen, indem jemand anderes ihm fragend mögliche Gefühle anbietet. Deshalb ist es auch wichtig, die Sachebene zu verlassen. Sie könnten sonst ja auch fragen:

„Was genau mussten Sie denn da schreiben und wie kam es dazu, dass Sie erst mit den Ordnern begonnen haben?"

Mit einer sachlichen Rückfrage verlieren Sie den Ratsuchenden, der ja gerade seinen Ärger loswerden wollte. Sachliche Fragen helfen mitunter, wenn jemand emotional so aufgewühlt ist, dass er keinen Zugang mehr zu seinen Ressourcen findet, und bei Menschen mit pathologischen Krisen, wie z. B. Depressionen, Traumata ...

Je problemorientierter jemand ist, desto wichtiger ist es, die problemorientierte emotionale Ebene bald zu verlassen und in die lösungsorientierte Phase zu wechseln. Bei unserem Beispiel könnte jetzt gut die Wunderfrage oder – je nach Grad des Ärgers – auch die Verschlimmerungsfrage folgen.

Je länger Sie also im empathischen Zuhören verharren, umso mehr knüpfen Sie an die problemorientierten Assoziationsmuster an, die Problemtrance wird verstärkt. Deshalb ist es wichtig, auf der einen Seite das Problem des anderen nachvollziehen zu wollen, auf der anderen Seite ihm auch zu helfen, erste Lösungsideen zu entwickeln.

Denken Sie an das „Sowohl – als auch":

BEISPIEL:
„Ich begreife, dass Sie total wütend auf Ihren Chef sind, und das ist auch ganz in Ordnung. Gibt es in Ihnen daneben auch Anteile, die schon eine erste Idee haben, wie eine Lösung aussehen könnte?"

Damit sind wir bei der nächsten wichtigen Eigenschaft eines Seelsorgers: Ein gutes Maß an analytischen und fantasievollen Problemlösefähigkeiten hilft, die einzelnen Phasen und die vor uns sitzende Person gut einschätzen zu können. Dann fällt es uns leichter, sie darin anzuleiten, ihren Blick auf eigene Lösungsideen zu wenden. An dieser Stelle ist es wesentlich, dass der Ratsuchende seinen eigenen Weg finden kann, egal, wie wir diesen bewerten. Gerade in Gemeinden mache ich die Beobachtung, dass sich Seelsorger mit zwei Dingen besonders schwer tun: Die Verantwortung dem anderen zu überlassen und damit verbunden ihm zuzugestehen, dass der Ratsuchende seinen eigenen Weg findet.

Es ist wesentlich, dass der Ratsuchende seinen eigenen Weg finden kann, egal wie wir als Seelsorger diesen bewerten.

Der Hang, sich mit für den anderen verantwortlich zu fühlen, fängt damit an, dass man dem Ratsuchenden Dinge oder Entscheidungen abnimmt oder ihn nicht loslassen kann. Auch die 24-Stunden-Rufbereitschaft gehört dazu. Darüber hinaus ist es schwer, wenn Klienten sich einen anderen Weg auswählen, als den, den wir uns für den anderen wünschen würden. Doch jemanden seelsorglich zu begleiten, bedeutet, dass wir bereit sind, ihn in seine eigene Verantwortung vor Gott zu stellen und ihn dort zu belassen.

Eine weitere Eigenschaft, die mit den Gedanken oben zusammenhängt, ist die Fähigkeit, sich gut abgrenzen zu können. Auch dies fällt vielen Seelsorgern schwer. Doch ist es wichtig, um die Systemgrenzen des anderen zu wahren und von außen zu begleiten. Zu der Fähigkeit, sich abzugrenzen, gehört, dass wir mit dem anderen in seinen Gefühlen empathisch mitschwingen können, und wenn er gegangen ist, aufhören mit ihm zu schwingen und wieder ganz in unserem eigenen Takt sind. Geht es dem Ratsuchenden schlecht, darf es uns danach wieder gut gehen. Weinen mit den Weinenden und Lachen mit Lachenden – wenn es uns gut geht, sollten wir mit uns lachen können.

Ebenso gehört dazu, dass der Seelsorger ganz bei sich sein kann, damit er ganz beim anderen sein kann. Nur wenn wir bei uns zu Hause sind, können wir dem anderen Raum bei uns geben.

Dazu ist es wichtig, die eigenen Themen außen vor zu lassen. Jede Art von „das ist mir letzte Woche auch passiert, das kenne ich, das geht jedem mal so ..." gehört nicht ins seelsorgliche Gespräch, m. E. ist es grundsätzlich ein schlechter Stil, weil es den anderen nicht ernst nimmt.

Eine weitere wichtige Eigenschaft ist die Fähigkeit, auf Menschen zugehen zu können. Manche Seelsorger sind sehr schüchtern, dennoch haben sie ihren Kreis von ihnen nahen Personen, innerhalb dessen sie so auffallen, dass andere für ein Gespräch auf sie zukommen. Je weniger menschenorientiert jemand ist – und deshalb umso aufgabenorientierter –, desto mehr sollte er an dem Abrufen seiner Ressource „Menschenorientierung" arbeiten und sich überlegen, wie viele seelsorgliche Gespräche er führen kann, ohne dass es zu anstrengend für ihn wird.

Damit sind wir bei der vielleicht wichtigsten Eigenschaft angelangt: Seelsorger sollten gut auf sich selbst achten und für sich sorgen können. Je besser jemand für sich sorgen kann, desto mehr kann er es auch für jemand anderen. Das hat damit zu tun, dass nur der, der gut bei und mit sich in Kontakt ist, dies auch bei dem Ratsuchenden sein kann. Wer das noch nicht gelernt hat, der sorgt für andere aus einer anderen Motivation heraus.

Ich kenne Menschen, die tun es, weil sie bei sich selbst gar nicht hinschauen können oder wollen. Andere, weil sie schlecht abgegrenzt und daher von dem Wohl ihrer Ratsuchenden abhängig sind. Selbstfürsorge ist das A und O in helfenden Berufen und Ehrenämtern, damit genug Kraft und langer Atem für die Begleitung von Menschen vorhanden ist und vorhanden bleibt.

In Gemeinden ist das Thema Selbstfürsorge oft eher ein Randthema, auch wenn sich das langsam verändert. Doch wenn wir uns z. B. das Gleichnis vom barmherzigen Samariter anschauen, stellen wir fest, dass er vieles nicht tat: Er verschuldete sich nicht, er nahm den Verwundeten nicht mit nach Hause, er pflegte ihn nicht gesund. Er tat das, was er tun konnte: Er machte die Erstversorgung mit dem, was er dabeihatte, er brachte ihn in ein Wirtshaus und bezahlte die Kosten, er versicherte sich auf seiner Rückreise, dass es sowohl dem Wirt als auch dem Verletzten gut ging. Kurz: Der Samariter achtete auf sich, gab, was er geben konnte an Material, Zeit und Geld, und ließ es dann im wahrsten Sinne des Wortes gut sein.

Das bedeutet für uns, dass wir uns trotz unserer Begabung darüber im Klaren sein sollen, was und wie viel wir leisten können. Deshalb sind solche Fragen hilfreich:

ÜBUNG

Wie viele Ratsuchende und welche Ratsuchenden sind gut für Sie?
Und für welche sind Sie gut?
Wie viel Zeit, Kraft, Energie, Mitgefühl haben Sie auf lange Sicht?
Welche Ressourcen haben Sie noch?
Wie sorgen Sie außerhalb des Seelsorgekontextes gut für sich?
Welche Beziehungen sind z. B. für seelsorgliche Gespräche tabu, damit sie Freunde, Familie, Nachbarn ... bleiben können?

Zu der Selbstfürsorge gehören auch die Aspekte, wie gut wir eigene Themen kennen und mit jemandem besprechen (Teil 2.3) und wer uns hilft, unser seelsorgliches Setting immer wieder auch mal von außen zu beleuchten (Teil 2.6).

Neben der Begabung zum Seelsorger besteht auch die Frage nach der Berufung. Der Ruf Gottes an einen Menschen ertönt so vielfältig, wie es unterschiedliche Persönlichkeiten gibt. Doch zeigt sich, dass Gott entlang des Gewordenseins eines Menschen beruft, also entlang seiner Begabung, seiner Persönlichkeit und seiner Lebensführung und -brüche. In unserer individualistisch geprägten Gesellschaft, die auch vor den Gemeinden nicht Halt macht, ist es dagegen schwierig, dass begabte Seelsorger von Mitchristen, Gemeinden oder zumindest Gemeindeleitungen in ihrer Begabung bestätigt und eingesetzt werden – zumindest, wenn es um Laien geht.

Auf der anderen Seite werden Pastoren immer noch oft als die Seelsorger ihrer Gemeinden bezeichnet – schwierig alleine deshalb, weil nicht jedem Pastor die Gabe gegeben ist und er vielleicht der bessere Redner oder Organisator ist. Dennoch stellt Seelsorge eine zentrale Aufgabe in Gemeinden dar und durch das große Wissen, das Seelsorger aufgrund zahlreicher vertraulicher Gespräche erlangen, tut sich häufig an der Frage, wer Seelsorge in einer Gemeinde anbieten darf, ein unbeschreiblicher Machtkampf zwischen Haupt- und Ehrenamtlichen auf. So stehen manche begabte ehrenamtliche Seelsorger vor der Frage, ob sie Seelsorge außerhalb ihrer Gemeinde anbieten oder sich eine andere Aufgabe in ihrer Gemeinde suchen wollen. Beides ist aus theologischer Sicht keine gute Lösung und stellt solche Menschen vor eine ernste Zerreißprobe.

Für einen Seelsorger ist es wesentlich, dass er seinen Glauben und seine Glaubensgeschichte reflektiert sowie die selbstverständlich übernommenen Glaubensinhalte und das eigene Gottesbild hinterfragt.

Neben Begabung und Berufung sowie einer fundierten Ausbildung ist es für einen Seelsorger zuletzt wesentlich, dass er seinen Glauben und seine Glaubensgeschichte reflektiert sowie die selbstverständlich übernommenen Glaubensinhalte und das eigene Gottesbild hinterfragt. Er sollte, anders als ein Berater oder Therapeut es muss, in der Lage sein, über seinen Glauben zu sprechen, er sollte Spannungen aushalten und andere Lebens- und Glaubenswege wertschätzen können. Es ist gut, wenn er Glaubenskrisen kennt und er Zweifel an Gott zulassen kann. Manche Lebenswege bringen uns persönlich an unsere Grenzen. Wenn Menschen mitten im Leben von schwersten Krankheiten gebeutelt werden, ohne eine Chance auf Heilung zu haben, und dann obendrein noch ihr Augenlicht verlieren, wenn sie bspw. als Kinder erlebt haben, wie ihre Eltern – nach außen hin gute Christen – sie jahrelang gefoltert und missbraucht haben, wenn junge Menschen früh aus dem Leben gerissen werden, das und anderes ist schrecklich und macht uns sprachlos vor den Betroffenen und vor Gott.

Wir erleben als Seelsorger absolute Höhenflüge und Tiefschläge des Glaubens hautnah mit, wir sehen schwere Schuld, die Menschen tun und die Menschen angetan wird. Manchmal ist das „Dennoch“ des Glaubens schwer nachzubuchstabieren. Für Seelsorger ist das aus meiner Sicht die schwerste und schönste Prüfung zugleich.

Und zuallerletzt: Als Seelsorger sind wir herausgefordert, darauf zu achten, dass der Glaube, die Beziehung zu Gott, lebendig bleibt, dass wir bereit sind, neue Seiten Gottes kennenzulernen, neue Antworten zu finden oder die alten neu zu verstehen. Gerade als Seelsorger dürfen wir immer wieder neu in das Allerheiligste vor Gottes Thron treten, ihm die Anliegen nennen und auch die Ratsuchenden – in dem Wissen, dass er die Verantwortung für sie hat und übernimmt. Wir sind herausgefordert, genau das zu glauben.

1.2 *Was willst du, was ich dir tun soll? – Auftragsklärung*

„Not macht keinen Auftrag“, betont einer meiner Kollegen immer wieder. Das ist ganz schön schwierig geworden angesichts unserer globalisierten Welt. Es gibt so entsetzlich viele Nöte, dass es uns manchmal schwerfällt, die zu sehen, die vor unseren Füßen sind.

Ich finde es interessant, dass selbst Jesus sich den Auftrag eines Notleidenden immer wieder geholt hat.

„Was willst du, dass ich dir tun soll?“

Man sollte meinen, das läge auf der Hand. Für Jesus nicht. Er hat aus dem Mund des Kranken immer hören wollen, was genau er von ihm will.

Aufträge sind sehr wichtig. Meine ehemalige Supervisorin war richtig gut darin, so lange an meinen Fällen mit mir zu arbeiten, bis ich einen Auftrag klar benennen konnte. Seitdem höre ich in meinen eigenen Supervisionsgruppen sehr genau hin. Ohne Auftragsklärung arbeiten wir sonst schnell mit einem Ratsuchenden an seinem eigenen Wollen vorbei und gehen beide mit einem Gefühl der Leere aus der Sitzung.

Natürlich werden wir bei einem Tür-und-Angel-Gespräch nicht die vorhandenen fünf Minuten darauf verwenden, den Auftrag zu klären. Es sei denn, die Auftragsklärung – nämlich herauszufinden, was die eigentliche Frage eines Klienten ist – ist der Auftrag. Tür-und-Angel-Aufträge sind in der Regel:

„Hör mir einfach mal zu."

„Ich brauche mal kurz jemanden, der mir seine Meinung zu folgender Frage sagt", oder Ähnliches mehr. Sobald es aber über einen kurzen Small Talk hinausgeht, ist es die wichtigste Frage überhaupt:

„Was möchten Sie in diesem Gespräch mit mir klären?" oder „Welche Frage möchten Sie in diesem Gespräch für sich beantworten?"

Allein diese Fragestellung kann in einem auf eine Einheit angelegten Gespräch sehr anregend sein, weil viele gar nicht wissen, was sie eigentlich wollen oder brauchen.

BEISPIEL:

Nehmen wir das kurze Beispiel mit dem Chef aus dem letzten Kapitel. Wissen Sie schon, was der Auftrag ist, wenn der Ratsuchende mit dieser Erzählung einsteigt? Mir fallen u. a. folgende Möglichkeiten ein:

„Wie kann ich besser mit meinem Ärger umgehen?"

„Will Gott, dass ich meinen Job wechsele, oder soll ich demütig das Theater aushalten?"

„Kannst du mir bitte zuhören, ich hatte gestern einen schlechten Tag."

Merken Sie, wie wichtig es ist, dass Sie den Auftrag kennen? Wenn Sie vermuten, der Ratsuchende möchte seinen Ärger in den Griff bekommen, der aber hat die unausgesprochene Frage, ob er nicht doch besser die Stelle wechseln sollte, sagt es aber nicht, weil er sich dessen noch gar nicht im Klaren ist, dann reden Sie komplett aneinander vorbei. Um herauszufinden, was jemand möchte, können Sie ihn direkt fragen, nachdem Sie ihm seine Gefühle – in diesem Fall seinen Ärger – zurückgespiegelt haben:

„Ich habe wahrgenommen, dass Sie sich über Ihren Chef total geärgert haben. Was möchten Sie jetzt mit mir gemeinsam für sich herausfinden?"

Sie können aber auch in abgewandelter Form die Wunderfrage einsetzen:

„Angenommen, Ihr Problem wäre gelöst, was würden Sie dann anders machen?" Oder:

„… woran würden Sie das als Erstes bei sich merken?"

Ich persönlich setze an dieser Stelle häufig die Wunderfrage ein, weil ich damit in der Regel schnell zu einer Lösungsidee komme. Bei dem oben geschilderten Problem ist es wichtig, das veränderte Handeln an dem Ratsuchenden selbst festzumachen.

Wenn Sie das vergessen, könnte der Auftrag schnell darauf hinauslaufen, dass sich der Chef ändern soll.

BEISPIEL:

„Angenommen Ihr Problem wäre gelöst, woran würden Sie das merken?"

„Dann würde mein Chef verständnisvoller mit mir umgehen."

Jetzt haben Sie ein Problem, denn der Chef sitzt nicht bei Ihnen, soll sich aber ändern. Das ist aus meiner Erfahrung einer der häufigsten Aufträge: Hilf mir, XY zu ändern. Auch deshalb ist es unausweichlich, dass ich den Auftrag kenne, denn so einen heimlichen Auftrag sollte ich ablehnen. Systemisch betrachtet wissen wir zwar, dass sich auch bei dem anderen etwas ändern wird, wenn sich der Ratsuchende verändert, da sich das bestehende System immer neu einpendeln muss. Wie er sich allerdings verändert, in welcher Richtung das sein wird, das haben wir nicht in der Hand. Der Ratsuchende dagegen hat die Gelegenheit zu erkennen, dass er selbst wohl etwas für sich verändern kann; manchmal braucht es genau dazu eine Auftragsklärung, um den Klienten überhaupt wieder zu einer ersten Handlungsfähigkeit zu helfen.

Auftragsklärungen schaffen Klarheit für ein Gespräch, sie sind so etwas wie ein roter Faden oder die Möglichkeit, ein Seelsorgegespräch zu evaluieren, also zu wissen, ob Sie auch an dem vereinbarten Ziel angekommen sind. Dazu ist es sicher gut zu wissen, dass sich Aufträge innerhalb eines Gesprächs, vor allem innerhalb eines längeren Prozesses, verändern können und oftmals auch ändern werden. Wenn Sie das feststellen, sollten Sie es benennen und ggf. einen neuen Auftrag abholen. Versäumen Sie das, bemerken Sie bald eine größere Unklarheit. Sie arbeiten plötzlich hart, denken sich Fragen über Fragen aus, versuchen, das Gespräch in Gang zu halten, Stille können Sie nicht mehr aushalten. Das sind Anzeichen für einen ungeklärten Auftrag und Sie tun gut daran, sich diesen veränderten Auftrag sofort (neu) vom Ratsuchenden zu holen. Dabei können Sie auch mitten im Gesprächsverlauf ganz offen sein:

BEISPIEL:
„Ich habe den Eindruck, es geht jetzt gar nicht mehr so sehr darum, wie Sie mit Ihrem Ärger besser umgehen können. Ich glaube, Sie sind sich unsicher, ob Sie überhaupt an der Arbeitsstelle bleiben wollen, oder?“

Jetzt hat der Klient die Möglichkeit, wieder zum ersten Auftrag zurückzukehren oder sich dessen bewusst zu werden, dass hinter dem ersten Auftrag vielleicht noch eine ganz andere Frage bei ihm mitschwang.

Sobald wir mit mehr als einer Person sprechen, sind nicht mehr die betreffenden Ratsuchenden selbst die Auftraggeber, sondern das Problem oder Symptom, das sie mitbringen. Kommt also z. B. ein Paar in die Seelsorge, das einen Konflikt miteinander hat, den es selbst nicht lösen kann, formuliert der Konflikt den Auftrag. Damit verhindern wir, dass wir in das System des Paares einsteigen und uns schlimmstenfalls auf eine Seite schlagen. An dieser Stelle helfen am besten zirkuläre Fragen:

BEISPIEL:
„Was glauben Sie, möchte der Konflikt, das hier besprochen wird? Was, glauben Sie, denkt Ihr Partner darüber? Was möchte der Konflikt von Ihnen? Wozu ist er wichtig? Was möchte er Ihnen über Sie mitteilen? Wie geht es dem Konflikt, wenn er gelöst wäre?"

Mit diesen Fragen wird die Aufmerksamkeit des Paares von dem Partner weggelenkt und beide können bei der Formulierung eines Auftrags bereits zu einer ersten Lösungsidee vordringen.

Was auch vorkommt, sind Aufträge von außen. Immer wieder kommen Personen in meine Praxis, die von ihren Angehörigen oder Vorgesetzten geschickt werden. Dann habe ich neben dem Auftrag des Klienten, mit dem ich arbeiten will, plötzlich auch noch den Auftrag dieser anderen Personen mit im Raum, der möglicherweise völlig anders lautet.

FALLBEISPIEL:
„Mach, dass mein Kind wieder isst", war einmal so einer, aus Sicht der Eltern eines magersüchtigen Mädchens völlig verständlich. Nun war die Magersucht dieses Mädchens zu dem Zeitpunkt nicht lebensgefährlich. Ihr Auftrag an mich war eindeutig:

„Ich gebe dir keinen Auftrag, weil ich nicht hier sein will."

Wir führten eine Stunde lang ein mehr oder weniger zähes Gespräch, was an den sehr unterschiedlichen Aufträgen lag. Zum Schluss sagte ich ihr:

„Du hast viele Leute um dich, die dir anscheinend ständig vorschreiben wollen, was du tun sollst. Du bist magersüchtig, aber noch kannst du wählen, ob du freiwillig jetzt was dagegen tun willst oder nicht. Wenn es lebensgefährlich wird, hast du diese Wahl nicht mehr. Deshalb lasse ich dir jetzt die Wahl, ob du wiederkommen möchtest oder nicht. Es ist wichtig, dass du dir Hilfe suchst. Wen du dir suchst, auch das ist deine Wahl. Du kannst wiederkommen, dann musst du dich melden."

Damit sind wir auseinandergegangen. Sie traf die Wahl, nicht wiederzukommen. Sie traf eine Wahl, das war ein Erfolg, und mein Auftrag war, ihr diese Verantwortung für sich zu lassen, so schwer das auch war.

FALLBEISPIEL:
Ein anderes Mal gab es Spannungen zwischen zwei Eheleuten. Der Mann kam zu mir, weil seine Frau der Ansicht war, er brauche Hilfe und sie würde nur dann bei ihm bleiben, wenn er sich welche holte. Auch so einen Auftrag lehne ich ab, es sei denn, der Mann gibt mir seinen eigenen Auftrag. Als ich die Ehefrau zum Abschluss des Erstgespräches ebenfalls kennenlernte, bekam ich das Gefühl, dass sie auch Hilfe brauchte, was sie selbst gar nicht einsehen konnte. Auch ein Paargespräch kam für beide nicht infrage, sodass ich ihnen an dieser Stelle nicht weiterhelfen konnte.

Manchmal werden auch Menschen zu mir geschickt, weil jemand der Meinung ist, sie könnten sich bei mir bekehren. Es gibt eine große Anzahl verdeckter Aufträge. Enttarnen wir diese nicht, wundern wir uns, weshalb Gespräche schleppend verlaufen, das Vertrauen nicht wächst oder bestimmte Stellen ausgespart werden.

Was ist es, was ich dir tun soll? Das ist die zentrale Frage, die unser Gespräch steuern wird, sobald sie geklärt ist.

1.3 In seelsorgliche Beziehung treten: System trifft System

Haben Sie schon erlebt, dass jemand Ihnen etwas von sich erzählt und Sie glauben, er spricht gerade von Ihnen? Da erzählt Ihnen eine Ratsuchende, dass sich ihre Mutter nach wie vor in alles einmischt, obwohl sie nun schon seit acht Jahren ausgezogen ist, in einer anderen Stadt lebt und dabei ist, ihre eigene Familie zu gründen. Während sie das so erzählt, spüren Sie, wie Ärger in Ihnen hochsteigt. Sie kennen das nur zu gut; gerade gestern erst war Ihre Mutter zu Besuch und hat ungefragt angefangen, in Ihrem Wohnzimmer Staub zu wischen ...

Eine heikle Situation, denn in so einem Fall können Sie nicht mehr unterscheiden, ob Ihr aufsteigender Ärger mit Ihrem eigenen ungelösten Konflikt zu tun hat oder ob es der Ärger der Klientin ist, den Sie bei sich wahrnehmen. In solchen Gesprächen besteht neben der Verwechslung der Situationen auch die Gefahr, dass Sie mehr als sonst glauben zu wissen, wie es der Ratsuchenden geht und was sie jetzt braucht. Sie werden auch bei ihr Wut vermuten, aber vielleicht ist das Gefühl der Hilflosigkeit bei ihr im Vordergrund oder es ist für sie gar kein Problem, sondern sie erzählt Ihnen diese Episode, weil sie von der Fürsorglichkeit ihrer Mutter berührt ist. Stellt es für Sie ein Problem dar, können Sie ihr wenig helfen, solange Sie nicht Ihren Konflikt bearbeitet haben.

Besonders wichtig ist für Seelsorger die Bearbeitung des eigenen Herkunftsfamiliensystems. Dabei geht es nicht darum, erst einmal alles gelöst zu haben, bevor wir andere Menschen begleiten, sondern darum, unsere wunden Punkte zu wissen und unsere Reaktionen zu kennen.

Deshalb ist es notwendig, dass wir unsere eigenen Muster reflektieren, die wir in unserer Herkunftsfamilie gelernt haben.

BEISPIEL:
Welches Modell, Konflikte zu lösen, haben Sie übernommen? Wurde über Strittiges überhaupt geredet, zog man sich beleidigt in die Ecke zurück, haben die Beteiligten

nicht mehr miteinander gesprochen, wurde diskutiert oder flogen die Fetzen?

Je nachdem, welches Assoziationsmuster Sie gelernt haben, Sie werden es anwenden, zumindest, wenn Sie sehr gestresst sind und dann besonders schnell auf bekannte Assoziationsnetzwerke zurückgreifen. Sie werden dementsprechend mit Ihrem Ratsuchenden umgehen oder bestimmte Verhaltensweisen bei ihm bejahen oder eventuell sogar erschreckend finden.

Geht es um Konflikte, setzen wir zudem schnell eine christliche oder moralische Brille auf und bewerten damit die Konfliktlösemuster. Wenn ein Seelsorger bei Kontroversen gelernt hat, schnell nachzugeben, sich zurückzuziehen und abzuwarten, bis alles wieder in Ordnung ist, und dies dann auch noch verbunden wurde mit der Aussage „Ich habe alles vergeben“, dann ist eine laut und heftig ausgetragene Meinungsverschiedenheit nicht nur stressig, sondern wird möglicherweise auch mit einem ungeistlichen Verhalten bewertet. Kommt jetzt ein Ratsuchender zu dem Seelsorger, der genau unter so einem Verhalten seines Partners leidet, fällt es dem Seelsorger schwer zu helfen und er vermittelt möglicherweise auch sein damit assoziiertes Gottesbild.

Familiengeheimnisse in der Herkunftsfamilie behindern ebenfalls unsere Sprachfähigkeit. Wenn über Glaubenserleben nicht gesprochen wurde – und das ist häufiger der Fall, als wir in christlich orientierten Familien annehmen wollen –, dann haben es Seelsorger auf diesem Gebiet schwer, mit ihrem Gegenüber ins Gespräch zu kommen.
Andere Tabus sind z. B.:

„Über Geld oder Politik spricht man nicht.“

„Unsere Suchtproblematik geht niemanden etwas an.“

Auch Traumata, Suizide, schwarze Schafe in der Familie, schwere Schuld oder Kriminalität, Kriegserfahrungen oder auch nicht gelungene Lebensentwürfe oder Geschlechtsidentitäten können tabuisiert worden sein.

Dem Seelsorger sollte es gelingen, diese für sich zu enttabuisieren, damit er solche Themen ansprechen und beim Gegenüber wahrnehmen kann.

Es ist also unerlässlich, dass wir unsere Herkunftsfamilie reflektieren und unsere Kenntnis über verschiedene Möglichkeiten des Agierens erweitern.

Neben unseren aus dem Herkunftssystem erworbenen Mustern ist es auch wesentlich, unsere Lebensthemen zu kennen – teilweise ergeben sie sich aus der Herkunftsfamilie –, um bei unseren sensiblen Punkten besonders aufmerksam dem jeweiligen Ratsuchenden zuzuhören.

Familiengeheimnisse in der Herkunftsfamilie behindern die Sprachfähigkeit von Seelsorgern.

Ich habe erst vor Kurzem von dem Birkman-Test® gelernt, dass 50 Prozent der Menschen, die sich zu viel vornehmen und es dann nicht schaffen, den Fehler bei sich selbst suchen. Den anderen 50 Prozent passiert das zunächst einmal kaum, weil sie ihre Arbeitsbelastung besser abschätzen können. Schaffen sie dann tatsächlich einmal nicht, was sie sich vorgenommen haben, liegt es aus ihrer Sicht an anderen Personen oder an den Umständen.

Ob und wie wir Versagen und Schuld bei unserem Gegenüber ansprechen, ist abhängig davon, zu welcher Gruppe wir gehören. Ein Seelsorger, der eine Schwäche hat, Schuld bei sich zu sehen, wird diese Thematik auch seltener bei seinen Klienten ansprechen als jemand, der zu der ersten Gruppe gehört und deshalb aus eigener Erfahrung davon ausgeht, dass der Klient selbst einen Teil Schuld an seiner Situation hat. Ersterer geht aufgrund seiner eigenen Haltung davon aus, dass die Schuld weniger beim Klienten selbst, als vielmehr bei den Umständen liegt.

Wenn wir also mit Ratsuchenden sprechen, ist es sinnvoll, immer wieder auf eine beobachtende Ebene, eine Meta-Ebene, zu gehen, um genug Distanz zum Gespräch zu bekommen. Nur dann können wir unterscheiden, ob wir noch ganz bei dem anderen sind. Auch hilft diese Metaebene uns zu differenzieren, ob das, was gerade im Gespräch Thema ist, etwas mit uns oder mit dem anderen zu tun hat.

FALLBEISPIEL:
Einmal erzählte mir eine Klientin von ihren schwerwiegenden Problemen. Während wir in meiner Praxis saßen, befiel mich auf einmal Todesangst. Das war überaus heftig, sodass ich tatsächlich erst daran dachte, sie würde mich bedrohen, weil sie völlig unerschrocken auf mich wirkte. Mit etwas mehr Distanz auf der Metaebene wurde mir klar, dass es um ihre Angst ging. Ich konnte ihr diese Idee im Gespräch anbieten und es stellte sich heraus, dass es tatsächlich so war.

Nebenbei bemerkt, solche Resonanzen können auch körperlicher Art sein, so bekam ich während einer Sitzung einmal einen lauten Tinitus, den ich zurückschicken konnte, indem ich mir klarmachte, dass es meine Klientin war, die darunter litt. Doch hatte ich ab diesem Augenblick eine ziemlich gute Vorstellung von ihrem Leiden.

Manchmal werde ich auch grundlos müde oder bekomme Kopfschmerzen, dann frage ich mich immer auch, was das mit meinem Ratsuchenden zu tun haben könnte, und werde dort häufig fündig.

Gerade aber, wenn uns Gefühle, Schmerzen, Befindlichkeiten zu dicht kommen, sodass wir in der Gefahr stehen, in das System des anderen einzusteigen, ist es gut, wenn wir uns innerlich oder sogar äußerlich wieder so weit distanzieren, dass wir jemanden von außen begleiten können. An dieser Stelle nenne ich einige Methoden, die wir während des Gesprächs anwenden können: Manchmal reicht es aus, wenn wir uns davon, dass wir im Augenblick zu dicht dran sind, wieder distanzieren, das Thema ein Stück zurückschieben oder uns innerlich weiter wegrücken.

Auch unsichtbare Grenzen oder Wände um unseren Stuhl herum können helfen.

Oder wir imaginieren einen eigenen Raum, in dem unser Stuhl steht, auf dem wir gerade sitzen. Wir können uns überlegen, ob wir uns noch etwas imaginär mit hineinstellen, was uns hilft, bei uns zu bleiben, um unsere Aufmerksamkeit wieder ganz dem anderen zu geben.

Passiert es öfter, dass wir in das System des anderen mit einsteigen, sollten wir uns solche Dinge tatsächlich vorher gut überlegen und uns schon vor dem Gespräch bewusst in unseren imaginativen Raum hineinbegeben.

Ab und zu reichen innere Distanzierungen nicht aus. Dann müssen wir schon mal ein kleines Stück tatsächlich zurückrutschen, um wieder mehr äußere Distanz zu haben. Dazu ist es gut, wenn wir auf einem Stuhl sitzen, der nicht direkt an der Wand steht. Spätestens jetzt sind Sofas und Sessel ungeeignet für seelsorgliche Gespräche.

Ebenfalls können wir eine Sitzung kurz unterbrechen, etwas zu trinken anbieten, ein Fenster öffnen oder schließen oder kurz etwas holen.

Ist Ihnen das zu unhöflich, begründen Sie es damit, dass Sie sich kurz sortieren müssen oder dem Gespräch eine kurze Pause guttun würde. Genau darum geht es Ihnen ja auch.

1.4 Das Drama inszenieren: „Komm in mein System!"

ÜBUNG:
Nehmen Sie sich einen Augenblick Zeit und schreiben Sie sich alle spontanen Impulse, Gedanken und Gefühle auf, die Sie bei sich und bei den Klienten wahrnehmen, wenn Sie die folgenden Beispiele lesen.

FALLBEISPIELE:
1) „Ich brauche dringend Hilfe. Die Menschen nutzen mich ständig aus. Wenn es mir dann aber zu viel wird, raste ich so richtig aus. Gestern habe ich angeboten, die Küche meines Neffen mit zu renovieren, zack, schon habe ich die ganze Organisation am Hals. Irgendwie habe ich das Gefühl, sobald ich jemandem meine Hilfe zusage, habe ich gleich die ganze Verantwortung und die anderen machen gar nichts mehr!"

> 2) „Ich weiß nicht mehr weiter. Ich will mich doch ändern. Aber dann sitze ich wieder vor meinem Computer, verdattel meine Zeit und niemand merkt das! Manchmal werde ich so wütend über mich, dass ich schon mal einen Ordner auf den Boden werfe. Es nützt alles nichts. Ich bin einfach ein hoffnungsloser Fall."

Ich nehme an, dass Sie in beiden Fällen Gefühle der Hilflosigkeit, Resignation oder des Ärgers wahrnehmen. Im ersten Beispiel erleben Sie zudem jemanden, der sich gerne verantwortlich fühlt, im zweiten scheint die Person zutiefst verzweifelt zu sein.

Welche Reaktionen haben Sie bei sich entdeckt? Würden Sie der Person jeweils spontan zustimmen oder widersprechen oder sie auf Gott verweisen? Spüren Sie Ärger oder Hilflosigkeit bei sich oder fühlen Sie sich jetzt in Ihrem Element, weil Sie genau wissen, wie Sie helfen können?

Wenn wir zu dicht an der Systemgrenze des Ratsuchenden sind, stehen wir in Gefahr, in das System des anderen einzusteigen und ihn dadurch nicht mehr sinnvoll begleiten zu können. Eigene und fremde Themen mischen sich und unser Gespräch verläuft unsortiert.

In besonderer Gefahr stehen wir, wenn der Ratsuchende mit Mustern kommt, die aus unverarbeiteten Prozessen belastender Ereignisse stammen, in denen die folgenden Gefühle leicht hervorzurufen sind: Hilflosigkeit oder Ohnmacht, Ärger, sich verantwortlich fühlen oder emotionale Kälte und Unberührtsein. Sie entstehen, wenn Menschen zahlreiche Grenzverletzungen von anderen Menschen erfahren haben, die nicht unbedingt traumatisch sein müssen. Dennoch lassen sich diese Gefühle den vier Rollen, die wir aus der Traumatherapie kennen, zuordnen:

- die Rolle des Opfers (hilflos),
- die Rolle des Täters (ärgerlich),
- die Rolle des Retters (verantwortlich),
- die Rolle des Mitwissers (desinteressiert).

Haben Ratsuchende massive Grenzüberschreitungen erlebt und nicht verarbeitet, werden sie diese Situationen so lange reinszenieren, bis sie sie verarbeitet haben. Letztlich ist jede Reinszenierung ein Versuch des Gehirns, das belastende Geschehen im biografischen Gedächtnis abzuspeichern. In der Regel misslingt dies; stattdessen ruft der Ratsuchende die verschiedenen Rollen im steten Wechsel auf, wobei er in manche öfter und in andere weniger oft eintauchen wird. Dies passiert unbewusst und unwillkürlich, weil in diesem Zusammenhang das Limbische System involviert ist und die Großhirnrinde außen vor bleibt. Manche, häufiger Frauen, nehmen vor allem die Opfer- und Retterrolle ein und nehmen gleichzeitig ihren wütenden oder distanzierten Teil wenig wahr, andere, häufiger Männer, erleben sich seltener hilflos, dagegen häufig unkontrolliert zornig. Ein Ausstieg aus diesem „Traumasystem" ist aber nur möglich, wenn es einem Ratsuchenden gelingt, alle Rollen seiner vergangenen grenzverletzenden Situation wahrzunehmen. Deshalb ist es für Seelsorger wichtig, dass eine Person nicht zu schnell dazu aufgefordert wird, einer anderen zu vergeben.

FALLBEISPIEL:
Ein Ratsuchender hat durch das seelsorgliche Gespräch einen klareren Blick auf eine verletzende Situation gefunden, ein Teil seiner aufgebrachten Gefühle ist dadurch beruhigt. Oberflächlich sieht die Lage „geheilt" aus, weil der innere Druck weg ist.

Ein schnelles „Ich habe vergeben" gekoppelt mit der Idee, sich eine Verletzung deshalb nicht mehr anschauen zu müssen, kann nun fatale Folgen haben. Wenn ein Ratsuchender dadurch der Meinung ist, er habe seine Wut überwunden, das ganze System aber noch gar nicht im Blick war, wird er sich ständig in ähnlichen Situationen wiederfinden, kann aber die Verknüpfung zu der eigentlichen Verletzung nicht mehr herstellen, weil er glaubt, dass sie geheilt ist.

Die große Herausforderung für Seelsorger ist, dass uns dieses System bestehend aus den Rollen Opfer, Täter, Retter und Mitwisser sofort dazu einlädt, in dieses einzusteigen und eine oder mehrere Rollen während der Reinszenierung mit zu übernehmen. Dies geschieht normalerweise unbewusst und unwillkürlich, weil es sich um unverarbeitete neuronale Netzwerke im Limbischen System handelt. Wir können also nicht verhindern, in das System einzusteigen, aber wir sind in der Lage, es zu bemerken und wieder auszusteigen, wenn wir immer wieder während des Gesprächs unsere Metaposition einnehmen.

Wir selbst nehmen auch bevorzugte Rollen ein. Viele Glaubende sind gerne Retter und fühlen sich sofort für ihre Ratsuchenden verantwortlich. Keine gute Idee: Ein Retter braucht ein Opfer; solange sich der Seelsorger verantwortlich fühlt, kann das Opfer nicht heraus aus seiner Rolle. Steigen wir in das System ein, hat unser Klient keine Möglichkeit, aus seinem System auszusteigen und heil zu werden. Er bleibt in seinem Schmerz.

Ist der Seelsorger erst einmal im System, wird er in Wechselwirkung mit seinem Ratsuchenden treten: Fühlt sich der Ratsuchende hilflos, versucht der Seelsorger zu helfen, scheitert dieser Versuch, fühlt sich der Seelsorger hilflos, ärgert sich im nächsten Moment über seinen Klienten oder versucht, sich in kühler Distanz nicht weiter mit ihm zu beschäftigen.

Nun lautet die gute Botschaft für alle Seelsorger: Wir können aus dem System aussteigen, weil Gott dort eingestiegen ist und uns aus den Rollen heraus erlöst hat. Die Rolle des Retters ist schon seit 2000 Jahren vergeben. Aber nicht nur sie: Gott ist Opfer geworden in Jesus Christus. Er hat sich nicht nur als Opfer selbst dargebracht, er war auch hilflos, als er gedemütigt, ausgepeitscht und nackt gekreuzigt wurde. In der prophetischen Rede des Jesaja steht in der griechischen Übersetzung:

> *Er wurde für uns traumatisiert (verwundet).* (Jes 53,6)

Gott ist auch Täter: Er hat seinen Sohn den Menschen übergeben und ihn geopfert. Im Johannesevangelium steht:

Jesus antwortete: Du hättest keine Macht über mich, wenn es dir nicht von oben her gegeben wäre. Darum: der mich dir überantwortet hat, der hat größere Sünde. (Joh 19,11)

Lange Zeit habe ich geglaubt, Jesus spricht von Judas, bis mir klar wurde, Jesus redet von Gott. Das klingt schwer verdaulich, denn an diesem Vers wird deutlich, was es heißt, dass Gott sich nicht zu schade ist, mit unserer Sünde in Berührung zu kommen, unsere Sünde aufzusaugen oder sich selbst zur Sünde zu machen.

Zuletzt: Gott ist Mitwisser: Sein Sohn hängt und leidet am Kreuz und Gott schaut zu.

Gott selbst ist also schon in jedes grenzüberschreitende (und auch in jedes traumatisierende) System eingestiegen und hat uns daraus erlöst. Deshalb sollten wir als Seelsorger aus dem System (immer wieder) aussteigen und eine begleitende und mitfühlende Rolle außerhalb suchen, um mit unseren Klienten an deren Ausstieg zu arbeiten.

Wenn Sie aufgrund Ihrer Vergangenheit dazu neigen, selbst in diese vier Rollen einzusteigen, ist es extrem wichtig, dies für sich selbst zu bearbeiten. Zum einen, weil Sie sonst unbewusst ständig Menschen mit dem gleichen Muster anziehen, zum anderen, weil die Gefahr, mit einzusteigen, sehr viel größer ist. Dadurch können Sie dem Ratsuchenden wenig helfen.

BEISPIEL:
Der Einstieg ins vertraute System mag sich sogar „gut" anfühlen, bspw. wenn der Seelsorger die Tendenz hat, Verantwortung zu übernehmen, und der Ratsuchende die Tendenz, sich in der hilflosen Rolle insofern wohlzufühlen, dass er gerne gerettet wird, obwohl er dadurch abhängig wird. Gleichzeitig wird sich aber sein Grundproblem nicht lösen und der Retter wird sich mit der Zeit immer hilfloser oder ärgerlicher oder beides zugleich fühlen. Zuletzt wird der Ratsuchende die Seelsorgegespräche beenden oder erleben, dass der Seelsorger die Beziehung abbricht. Selbst

dann werden Opfer- und Täterrolle noch einmal aufgerufen und es bleibt ein ungutes Gefühl zurück.

Gott ist Opfer, Täter, Retter und Mitwisser – wir dürfen als Erlöste mit unseren Ratsuchenden fühlen und sie in guter Abgrenzung begleiten. Nur das ist unser Job.

1.5 Seelsorge in der Gemeinde: Innersystemisch handeln – Chancen und Grenzen

Wenn Sie die letzten Kapitel aufmerksam gelesen haben, werden Sie sich vielleicht schon gefragt haben, ob Seelsorge innerhalb der eigenen Gemeinde überhaupt möglich ist. Die Gefahr, das eigene System zu verlassen und in das System des anderen zu treten, mag mit einer der Gründe sein, weshalb Pastoren und anderen Leitern häufig dazu geraten wird, keine Freundschaften innerhalb der eigenen Gemeinde zu pflegen.

Im Gegensatz zu Beratung und Therapie, in der tatsächlich jede professionelle Arbeit mit Klienten aus der eigenen Gemeinde (oder auch dem Bekannten- und Freundeskreis) problematisch ist, stellt Seelsorge einen Sonderfall dar.

Wir sollten dazu die Triade zwischen Schöpfer, Geschöpf und Seelsorger verstehen, denn das gemeinsame Gespräch in der Beziehung mit und vor Gott lässt uns zusammen in ein anderes System eintreten: In den Raum, den Gott uns gemeinsam anbietet. Während Seelsorger und Ratsuchender demselben immanenten System angehören, hören sie gemeinsam auf Gott, der außerhalb ihres Gemeindesystems ist und sich zugleich doch in es hineinbegibt, um sie in sein transzendentes System einzuladen.

Wenn Seelsorge also innerhalb der Gemeinde geschieht, ist diese Sicht besonders wichtig und macht den Ratsuchenden und den Seelsorger gleichermaßen verletzlich. Wir stehen gemeinsam vor Gott. Das bedeutet nicht unbedingt, dass der Ratsuchende alle Nöte seines Seelsorgers kennen muss, dieser ist aber auch nicht die professionelle unpersönliche Person, die nichts von sich preisgibt.

Dabei sollte Persönliches, wie in allen Seelsorgegesprächen, auch hier nicht innerhalb einer Sitzung erzählt werden, aber möglicherweise im Arbeitskreis, den beide besuchen, oder zu anderen Gelegenheiten. Es wird deutlich, dass sich Seelsorger und auch Ratsuchende innerhalb einer Gemeinde gut überlegen sollen, ob sie miteinander seelsorglich in Beziehung treten möchten oder ob andere schon bestehende Gemeindebeziehungen die Seelsorge behindern würden. Diese Frage können sich beide Seiten natürlich nur stellen, solange es eine Wahl innerhalb einer Gemeinde gibt. Es sollte auf jeden Fall legitim sein, sich einen Seelsorger auch außerhalb des eigenen Gemeindesystems suchen zu dürfen.

Sucht sich ein Klient einen Seelsorger seiner eigenen Gemeinde, sollte der Rollenwechsel benannt werden. Manchmal kann es auch sinnvoll sein zu besprechen, wie sich Seelsorger und Ratsuchender in anderen Kontexten begegnen wollen. Das klingt kompliziert, vereinfacht aber die Situation letztendlich, weil es auftauchende Unsicherheiten klärt.

Jesus selbst brach schon sein altes Familienmuster bewusst auf, als er sich von seiner Mutter und seinen Brüdern nicht zur Vernunft rufen ließ.

Seelsorge innerhalb derselben Gemeinde hat auch ihre Grenzen. Zunächst einmal gibt es ein großes Missverständnis, wenn die Gemeinde als Familie angesehen wird. Die Bibel spricht zwar von Brüdern und Schwestern durch Jesus Christus oder von geistlichen Müttern und Vätern. Nirgendwo ordnet sie aber Gemeindebeziehungen wie familiäre Beziehungen an und durchbricht damit auch das in Familien vorgegebene Rollenschema. Jesus selbst brach schon sein altes Familienmuster bewusst auf, als er sich von seiner Mutter und seinen Brüdern nicht zur Vernunft rufen ließ. Er bezeichnete dabei seine Jünger nicht als seine neue Familie in dem Sinn, dass Gemeinde familiäre Strukturen aufweisen soll, sondern um deutlich zu machen, dass er eine andere neue Position einnimmt, die von der des ältesten Sohnes unterschieden ist. Er tritt in ein neues System ein, in dem andere Beziehungsmuster herrschen. (Mt 12,47ff; 19,29)

So können wir uns die Mitglaubenden zwar auch nicht aussuchen, doch sind wir in der Gemeinde frei von den Herkunftsrollen und sollten uns aussuchen dürfen, mit wem wir enger vertraut sein wollen. Gemeinden kann man verlassen, Themen sind nicht tabu. Je weniger das reflektiert, sondern die Idee der Familie noch gefördert wird, umso stärker stehen Gemeinden oder christliche Werke in der Gefahr, dass ihre Mitglieder ihre alten Muster und Rollen innerhalb der Herkunftsfamilie in die Gemeinde einbringen und sich entsprechend verhalten.

Gelingt dem Seelsorger es nicht, seine neue Position in der Gemeinde zu finden, und er bleibt in seinen alten Familienmustern verhaftet, wird es für ihn schwer, von seinen alten Themen im Seelsorgegespräch wegzukommen und sein Gegenüber mit seinen Problemen wahrzunehmen.

Eine weitere Schwierigkeit, die mit der Idee der Familie zusammenhängt, ist, dass es tatsächlich jede Menge von wirklichen familiären Verbandelungen innerhalb von Gemeinden und Werken gibt. Daneben spielen auch zahlreiche Freundschaften eine große Rolle. So mag bspw. der Seelsorger mit dem Ratsuchenden nicht direkt viel zu tun haben, aber der beste Freund des Ratsuchenden ist der Schwager des Seelsorgers. Die Verstrickungen sind teilweise noch deutlich stärker als in diesem Beispiel und von manchen wissen Klienten mitunter auch gar nicht.

Gehen Seelsorger und Ratsuchender davon aus, dass sie innerhalb des Systems Gemeinde zu verschiedenen weiteren Systemen gehören und haben keine Klarheit über verdeckte dynamische Wechselwirkungen, werden diese Vermischungen sehr viel Unschärfe in ein Gespräch bringen. In solchen Fällen tun sie gut daran, die anderen Rollen, in denen sie sich auch befinden, offen zu benennen und miteinander sehr offen zu klären, ob daraus ein Problem entstehen könnte. Ich persönlich kann nur raten, bei zu vielen Verstrickungen, gemeinsamen Freunden oder Aktivitäten ein anderes seelsorgliches Setting aufzusuchen.

Seelsorge innerhalb der Gemeinde hat ihre absolute Grenze bei allen Anliegen, die eine Tabuisierung, ein Schweigenmüssen, beinhalten: Sucht, Gewalt, Missbrauch. Diese Themen rufen die Rollen des Opfers, Täters und Mitwissers hervor, sodass sich Einzelne oder die gesamte Gemeinde in die Retterrolle begeben. Das ist fatal, weil sie sich dadurch in einem System befinden, in dem sich diese Anliegen nicht bewältigen oder lösen lassen. Sie brauchen auf jeden Fall Hilfe von außen, auch wenn ein Seelsorger innerhalb der Gemeinde die Betroffenen daneben begleiten kann, wenn er keinen weiteren Bezug zu ihnen hat.

Leider wird diese Hilfe von außen umso mehr verweigert, je mehr eine Gemeinde in diesem System Opfer-Täter-Retter-Mitwisser selbst gefangen ist. Menschen mit einer ähnlichen Thematik ziehen sich zudem unbewusst auch noch an, sodass es nicht verwunderlich ist, dass ganze Gemeinden nach diesem System in Wechselwirkung miteinander treten. Da Gott aber alle vier Rollen bereits eingenommen und uns daraus erlöst hat, müssen wir hier von einem unerlösten System sprechen. Leidende Gemeindeglieder nehmen genau dieses Unerlöste wahr, ohne es benennen zu können. Da sie sich häufig in der Rolle des Retters wiederfinden, trauen sie sich oft nicht, ihre Wahrnehmung zu benennen und aus dem System, sprich aus der Gemeinde oder dem Werk, auszusteigen.

Die Christen, die den Hebräerbrief empfingen, hatten eine Verfolgungswelle mit Verrat und Denunziation hinter sich und standen vor der Frage, wie sie mit den Verrätern und Denunzianten umgehen sollten, die zurück in die Gemeinden wollten. Sie erlebten genau diese Systemdynamik sehr hautnah, denn durch Verrat und Verfolgung waren sie zu Opfern geworden. Der Verfasser des Hebräerbriefes schreibt harte Worte dazu, wenn er meint:

> *Denn es ist unmöglich, die, die einmal erleuchtet worden sind und geschmeckt haben die himmlische Gabe und Anteil bekommen haben am Heiligen Geist und geschmeckt haben das gute Wort Gottes und die Kräfte der zukünftigen Welt und dann doch abgefallen sind, wieder zu erneuern zur Buße, da sie für sich selbst den Sohn Gottes abermals kreuzigen und zum Spott machen. Denn die Erde, die den Regen trinkt, der oft auf sie fällt, und nützliche Frucht trägt denen, die sie bebauen, empfängt Segen von Gott. Wenn sie aber Dornen und Disteln trägt,*

bringt sie keinen Nutzen und ist dem Fluch nahe, sodass man sie zuletzt abbrennt. (Hebr 6,4–8)

Die Beobachtung derer, die sich mit emotionalem oder geistlichem Missbrauch beschäftigen, ist, dass nur selten ein unerlöstes Gemeindesystem umkehrt. Obwohl ich es schon einmal erlebt habe, scheint es sich tatsächlich um eine der wenigen Ausnahmen zu handeln. Umso wichtiger ist es, Menschen darin seelsorglich zu begleiten, die das Unerlöste erkannt haben und das System verlassen wollen.

Eine Randbemerkung: Der weitere Text zeigt, dass dennoch Hoffnung besteht, denn die Dornen und Disteln eines Ackers werden ja deshalb verbrannt, damit der Acker wieder nutzbar wird.

1.6 So hab ich das noch nie gesehen! Außenperspektive durch Inter- und Supervision

Nachdem wir in den letzten Kapiteln über die Rolle des Seelsorgers, seine Berufung, seine Rolle, seine Themen und sein System nachgedacht haben, ist vermutlich schon deutlich geworden, dass Seelsorger, die sich mit einem Teil ihrer Zeit auf diesem Gebiet engagieren wollen, Selbsterfahrung benötigen. Es gibt eine Anzahl von Weiterbildungen innerhalb und außerhalb der Gemeinde, die Seelsorgekenntnisse gepaart mit Selbstreflexion und Bearbeitung eigener Themen anbieten. Auch selbst wahrgenommene Seelsorge bei einem erfahrenen Kollegen hilft an dieser Stelle weiter.

Daneben wird die Notwendigkeit von Inter- und Supervision, einzeln oder in Gruppen, immer noch zu wenig betont. Die beiden Settings unterscheiden sich zunächst dadurch, dass bei der Supervision ein Supervisor dem Einzelnen zur Verfügung steht oder die Gruppe leitet. Dabei bringt er keine eigenen Fälle oder Themen ein. Bei der Intervision treffen sich verschiedene Seelsorger, um miteinander ihre Gespräche zu reflektieren und die Meinung ihrer Kollegen einzuholen.

Bei Inter- und Supervision liegt der Fokus auf der Außenperspektive, d. h. es werden ganz bewusst unbeteiligte Kollegen befragt, wie sie den Seelsorger und den präsentierten Fall wahrnehmen, welche weiterführenden Ideen sie haben und wo sie blinde Flecken wahrnehmen und darauf aufmerksam machen. Bei Inter- und Supervision schaut also zumindest eine dritte Person sowohl auf den Ratsuchenden als auch auf den Seelsorger und nimmt deren Interaktionen und gegenseitige Wechselwirkungen wahr.

Inter- und Supervision von Seelsorgern innerhalb derselben Gemeinde stellt eine noch größere Herausforderung dar als Seelsorge innerhalb von ihr. Während bei der Supervision oft noch ein Supervisor von außerhalb kommt, stammen bei einer gemeindeinternen Intervision sowohl Ratsuchende als auch Seelsorger aus demselben System. Das macht die Angelegenheit in mancher Hinsicht diffizil.

Es ist schwierig, einen Fall zu präsentieren, weil je nach Größe der Gemeinde eine oder mehrere Personen sofort wissen, um wen es sich handeln könnte. Das erschwert einem Ratsuchenden, sich in der Seelsorge zu öffnen, denn die Schweigepflicht des Seelsorgers ist sofort gefährdet. Es sollte grundsätzlich mit einem Ratsuchenden abgesprochen werden, wie in solchen Settings verfahren werden soll, bzw. es muss klar sein, welche Seelsorger sich treffen werden. Andererseits sind nun noch weitere Personen involviert, die sich auch innerhalb des Systems befinden. Die Vermischungen werden in der Regel zu groß und Rollen bleiben ungeklärt. In den meisten Fällen sind Inter- und Supervisionsgruppen mit dem Schwerpunkt, Fälle zu besprechen und sich gegenseitig zu stützen oder neue Impulse zu geben, innerhalb einer Gemeinde zu komplex, als dass sie gut zu bewältigen wären.

Ein Ausweg besteht darin, verdeckt mit einem Supervisor zu arbeiten, d. h. nicht den Fall zu präsentieren, sondern lediglich das eigene Befinden, die Fragen, die sich zu dem Gespräch ergeben, oder die Knackpunkte, an denen der Seelsorger aus seiner Sicht nicht weiterkommt. Das ist natürlich auch bei geübten Seelsorgern innerhalb einer Intervisionsgruppe möglich, wobei es dann sinnvoll ist, eine Person zu bestimmen, die darauf achtet, dass der Fall an sich wirklich verborgen bleibt. Doch eine Restunsicherheit wird für jeden Ratsuchenden bestehen bleiben.

Was Inter- und Supervisionsgruppen innerhalb einer Gemeinde dagegen gut leisten können, ist die Erarbeitung von Themen, organisatorische Fragen oder auch Selbsterfahrung.

Einfacher für alle Beteiligten sind Inter- oder Supervision außerhalb der Gemeinde. Entweder treffen sich Seelsorger unterschiedlicher Gemeinden oder ein bzw. mehrere Seelsorger verabreden sich mit einem Supervisor. Hier können dann neben den anderen gerade genannten Themen auch Fälle präsentiert werden – natürlich auch hier in Absprache mit dem Ratsuchenden und im Rahmen der erweiterten Schweigepflicht. Diese gibt dem Seelsorger die Möglichkeit, den Fall einem Supervisor zu präsentieren, wobei dann Seelsorger und Supervisor an die Schweigepflicht gebunden sind.

Sollte es vorkommen, dass ein Mitglied der Gruppe den Eindruck hat, dass es die Person kennt, sollte dieses unbedingt verifiziert werden, damit keine falschen Bilder im Kopf entstehen. Ist dies wirklich der Fall, sollte entweder abgebrochen werden oder der Betreffende verlässt für den Rest der Fallbesprechung den Raum. So kann man übrigens auch verfahren, wenn zwei Seelsorger einer Gemeinde an einer Gruppe außerhalb der Gemeinde teilnehmen.

2. Das seelsorgliche Setting

2.1 *Alltagsseelsorge: Hilfe zwischen Tür und Angel*

„Na, wie geht's?" ist vielleicht eine der gefährlichsten Fragen überhaupt. Denn was machen wir mit einer möglichen ehrlichen Antwort, die uns unter Druck setzt, handeln zu müssen? Natürlich ist diese Frage meistens auch bei uns eine reine Höflichkeitsfrage und bei der Antwort lassen sich die wenigsten in die Karten schauen. Was aber, wenn jemand sehr bedrückt ist und das dann auch so sagt? Je mehr Interesse wir an einem Menschen signalisieren – und die meisten seelsorglich Begabten tun das, ohne darüber nachzudenken –, desto eher erfahren wir Dinge, zu denen wir uns stellen sollten.

Ähnlich schnell kommen Kleingruppenleiter und Personen in vergleichbaren Settings in solche Situationen. Auch Tür-und-Angel-Gespräche, bei denen jemand um unser Ohr bittet, oder das Gebet nach dem Gottesdienst – alle diese Situationen stellen uns vor die Herausforderung, mit ganz unterschiedlichen Fragestellungen, kurzen Nachfragen bis hin zu größten Nöten umgehen zu müssen.

FALLBEISPIEL:
Vor etlichen Jahren hatte eine Familie die Tradition, sich auf einem besonderen Kölner Weihnachtsmarkt zu treffen, bevor es nach Hause zum Adventskaffeetrinken ging. Die Frau, eine Seelsorgerin, stand bei einem Schmuckstand und bekam mit, wie die Verkäuferin mit einer anderen Kundin ins Gespräch kam. Plötzlich öffnete sie sich und erzählte der Kundin, dass sie gerade ihren Mann beerdigt hatte. Peinlich berührt wandte sich diese ab und die Seelsorgerin blieb mit der traurigen Verkäuferin zurück. Die

ging nun aber aufgrund der Reaktion der ersten Kundin in ihre professionelle Haltung zurück. Ein weiteres Gespräch war nicht möglich.

Wir sind häufig nicht sprachfähig, wenn Menschen uns plötzlich ihr verstecktes Leiden anvertrauen, und reagieren aus einer Überforderung heraus. Was hätte diese Frau gebraucht? Wenn uns die Worte fehlen, reicht es häufig auch aus, ganz da zu sein und dem anderen unseren Raum in uns anzubieten. Blickkontakt und eine einfühlsame Mimik, in der wir ausdrücken, dass wir den Schmerz an uns heranlassen, reichen oft völlig aus. Einfache Sätze wie „Das tut mir sehr leid“ oder „Das muss Sie sehr traurig machen, gerade jetzt kurz vor Weihnachten“ helfen schon. Denken Sie daran, die Gefühle zwischen den Zeilen wahrzunehmen und zusammenzufassen. Fragen nach dem Mann oder weitere vertiefende Fragen können wir stellen, falls das Gespräch dann noch weitergeht. Dazu müssen beide bereit sein und die Rahmenbedingungen sollten stimmen. Um das für den anderen herauszufinden, sollten wir tatsächlich erst nach einem Auftrag fragen.

BEISPIEL

„Möchten Sie ein paar Momente darüber sprechen?“

„Ich höre Ihnen gerne ein paar Minuten zu, wenn Sie möchten.“

„Was kann ich für Sie tun?“ Diese letzte Frage sollten Sie aber nur dann stellen, wenn Sie auch wirklich Zeit haben.

Manche Tür-und-Angel-Gespräche sind einmalig, auch wenn sie Potenzial zu einem Prozess hätten.

FALLBEISPIEL:

Ein Mann, der in einem Verlag arbeitete, fuhr mit seiner Kollegin gemeinsam im Auto nach Hause und hörte dabei, dass sie eine Seelsorge-Ausbildung machte. Daraufhin schüttete er ihr sein Herz aus und erzählte, dass er immer noch seine Frau vermisse und nicht wisse, was falsch gelaufen sei, dabei seien sie doch schon 20 Jahre geschieden. Was immer ihn dazu veranlasst hatte, darüber zu sprechen, er nutzte die gemeinsame Fahrt und kam danach nie wieder darauf zurück. Es gab keinen Auftrag von ihm, dieses Gespräch zu vertiefen, so war Zuhören und Nachfragen im Auto das, was er von seiner Kollegin wollte, und dabei blieb es. Das ist mitunter schwer auszuhalten, doch „Not macht keinen Auftrag".

Wenn Sie jemand sind, dem der Satz „Ich hör dir zu" auf der Stirn geschrieben steht, sollten Sie sich grundsätzlich überlegen, wie Sie jede Art von Tür-und-Angel-Gesprächen gut begrenzen können. Ein Kollege erzählte mir, dass er bei solchen Gesprächen zurückfragt, wie viel Zeit jemand beanspruchen möchte, oder die Zeit von sich aus begrenzt und dann auch tatsächlich das Gespräch nach Ablauf der vereinbarten Zeit beendet. Wir müssen nicht jede – vor allem große – Not nach fünf Minuten ausreichend bearbeitet und gelöst haben.

Ich habe es mir angewöhnt, mich bei Einladungen, größeren Veranstaltungen und auch Gottesdienstbesuchen sehr stark abzugrenzen, weil ich die Erfahrung gemacht habe, dass Leute meine Anwesenheit sofort nutzen. Dann hatten alle Spaß und ich habe drei Stunden gearbeitet – alles schon passiert. Da ich nicht ständig sagen möchte „Ich bin privat hier, machen Sie doch bitte morgen einen Termin", achte ich inzwischen sehr darauf, wo ich hingehe, und lasse es im Zweifel lieber.

Wichtig ist weiter, dass Sie gut bei sich bleiben können, d. h. sich z. B. einen Raum um sich herum vorstellen, innerhalb dessen Sie auf Ihre Ressourcen zurückgreifen können. Sich gut zu orientieren mit allen Sinnen und auf die eigene Atmung zu achten, sind essenzielle Dinge, vor allem, wenn unser Gegenüber völlig aufgelöst ist. Allein durch eine tiefe Atmung und das Spüren des Bodens unter den Füßen bleiben wir so gut im Hier und Jetzt verortet, dass wir unser Gegenüber ein Stück beruhigen können. Außerdem bleiben wir so gut abgegrenzt und haben Zugang zu unseren lösungsorientierten Mustern, sodass wir handlungsfähig sind und notwendige Entscheidungen treffen können. Bei den meisten Krisen ist es wichtig, die Verantwortung ganz bei dem anderen zu lassen, aber manchmal ist auch unser Handeln notwendig (Teil Kap 3.3).

Als Drittes ist es sinnvoll, wenn wir über ein Netzwerk verfügen, an das wir in Not Geratene verweisen können. Schon der barmherzige Samariter wusste darum, dass er nicht jede Krise allein lösen muss, und Jesus stellt ihn als Beispiel barmherziger Nächstenliebe dar. Dazu sollten wir unterscheiden, welchen Auftrag wir von dem Gegenüber bekommen haben. Manche möchten sich in einer akuten Krise einfach mitteilen, anderen können wir weitere Gespräche anbieten, die wir dann verabreden. Oder wir kennen jemanden, der freie Kapazitäten hat und sich mit der Thematik auskennt. Falls nicht, können wir immer auf die Telefonseelsorge, auf Beratungsstellen, Selbsthilfegruppen, den Krisendienst bzw. den Sozialpsychiatrischen Dienst verweisen. In Ballungszentren finden sich auch Beratungsstellen zu speziellen Themen wie z. B. Sucht oder Schulden.

Schon der barmherzige Samariter wusste darum, dass er nicht jede Krise allein lösen muss, und Jesus stellt ihn als Beispiel barmherziger Nächstenliebe dar.

Daneben sollten wir unterscheiden können, wann es besser ist, jemandem zu therapeutischer Hilfe zu raten. Freie Therapieplätze erhält man über die zuständige Psychotherapeutenkammer oder die Krankenkasse des Gegenübers.

Daneben ist es gut, wenn wir selbst einige Kollegen kennen, auf die wir verweisen oder die wir zu einer speziellen Angelegenheit befragen können. Seelsorger, Berater, Therapeuten, Ärzte, Juristen, Polizisten oder ein Supervisor, bei dem wir notfalls einen kurzfristigen Termin bekommen können, bilden ein gutes Netzwerk.

Weiterhin sollten wir für uns selbst einen Ort imaginieren, an dem wir belastendes Material, das uns zu Ohren kommt, lassen können. Es kann eine Box, ein Raum oder Ähnliches sein, etwas, das es in der Realität nicht gibt, zu dem wir alleine Zugang haben. Dorthinein können wir z. B. Gefühle, die uns aus dem Gespräch belasten, oder Bilder wegpacken.

Der Therapeut Lutz Besser bringt seine Klienten z. B. in einen imaginativen Garten, verabschiedet sich und lässt sie dort bis zum nächsten Gespräch. Ich persönlich „bringe", seit ich diese Übung kennen, jede Person, die mir nachgeht, in ihr für mich stimmiges Areal, begleitet mit einem Gebet und Segenswunsch, und es gelingt mir dort besser, die Personen zu lassen.

Andere schreiben sich ihre Gefühle und Bilder aus dem Kopf. Wichtig ist, dass Sie, nachdem Sie alles, was Sie tun konnten, getan haben, loslassen, die Verantwortung an Gott abgeben und in Ihren Alltag zurückkehren. Entwickeln Sie Ihre besonderen Rituale, die Sie genau für das Loslassen entwickeln und einsetzen können.

2.2 Gebet in der Seelsorge: gemeinsam hören, gemeinsam glauben

Das Gebet in der Seelsorge sucht in bewussterer Art und Weise den Raum der unsichtbaren Welt auf. Dabei treten Seelsorger und Ratsuchender gemeinsam in Gottes Gegenwart, um mit ihm zu reden und von ihm zu hören. Ein seelsorgliches Gespräch muss weder mit einem Gebet beginnen, noch mit ihm enden, da wir bereits Gebet sind und wissen, dass der Heilige Geist in uns betet. Manche Gespräche, z. B. die zwischen Tür und Angel, bieten sich oft auch nicht dafür an, sind deshalb aber nicht weniger seelsorglich, wenn wir dem anderen und seiner Not Raum in uns schaffen. Wir wissen und erwarten, dass sich in jedem Augenblick Kairos ereignen kann, dass Gott aus seinem System in unseres tritt, einen Menschen berührt und verändert.

Ich schreibe das hier nicht, weil ich Gebet nicht wichtig finde – im Gegenteil. Mir liegt daran, dass Gebet nicht instrumentalisiert wird, denn ich treffe immer mal wieder auf die Haltung, dass ohne Gebet ein seelsorgliches Gespräch nicht richtig oder eben gar keine Seelsorge ist. So können wir nur denken, wenn uns nicht bewusst ist, dass unser Tun und Handeln immer auch eine ewige Dimension hat und wir gar nicht trennen können zwischen geistlichen, weniger geistlichen und säkularen Handlungen.

Gebet stellt sich nach biblischem Zeugnis zudem auch in einer unauflösbaren Spannung dar: Gott bindet sich daran, er will gebeten sein und er handelt über Bitten und Verstehen und zugleich kann er auch ohne unsere Gebete an sein Ziel kommen. Da wir Mitglieder beider Systeme – des immanenten und des transzendenten Systems – sind und deshalb mit Angehörigen beider in Wechselwirkung stehen, verändern Gebete ebenso ewiges Sein wie auch Gegebenheiten in Zeit und Raum. Andersherum beten wir im Vaterunser, dass Gottes Wille sich hier in Zeit und Raum verwirklicht, wie es bereits in der Ewigkeit schon geschehen ist. Wie so manches, was wir schon bedacht haben, klingt das nicht logisch und die Versuchung ist groß, sich auf eine Seite der „Wirklichkeit" zu schlagen. Sie bleibt uns aber verborgen, bis wir sie eines Tages begreifen werden.

Wenn wir uns noch einmal die Inhalte des theologischen Teils vor Augen halten, dann bekommen wir in der seelsorglichen Praxis einen anderen Zugang zum Gebet. Wir erzählen Gott nicht noch einmal, was er selbst schon weiß, sondern wir halten ihm hin, was wir nicht wissen, und erwarten sein Handeln in der hoffnungsvollen Erwartung, dass schon in Zeit und Raum sichtbar wird, was unser Gebet in Ewigkeit bewirkt.

Die Art und Weise, wie Menschen beten, ist auch sehr unterschiedlich und hängt zum einen von der Persönlichkeit ab, zum anderen davon, welche Seite Gottes für die betende Person offenbar geworden ist. Es gibt Christen, die einen sehr kognitiv gesteuerten Glauben leben und entsprechend beten, andere, die viel emotionaler beten oder solche, die Eindrücke und Bilder haben. Es gibt zunächst einmal nicht gut oder schlecht, sondern anders. So wie Menschen miteinander unterschiedlich reden, so verschieden ist auch das Reden mit Gott und das Hören auf ihn. Gott zeigt darin verschiedene Facetten von sich und nur in dem zusammengesetzten Bild aus vielen Puzzlesteinchen und durch zahlreiche Jahrhunderte hindurch wird aus den Teilen ein Ganzes. Wir sind vermutlich noch lange nicht fertig damit, Gottes unterschiedliche Seiten im Hier und Jetzt der sichtbaren Welt abzubilden.

Manchmal passiert es, dass wir eine Art des Betens hinter uns lassen und eine neue für uns entdecken. Das kann stark verunsichern.

FALLBEISPIEL:
So sprach eine Klientin vor einiger Zeit mit mir darüber, dass sie früher sehr emotional gebetet habe – stundenlang – sich aber in ihren Gefühlen verloren habe und dies nun nicht mehr könne. Es sei zu anstrengend und nun wisse sie nicht, ob sie noch richtig glaube und bete. Diese Frau hatte ein schweres seelisches Trauma erlitten und war folglich in ihren Emotionen gar nicht so sehr mit Gott in Kontakt gewesen, sondern reinszenierte jedes Mal ihr Trauma, was schlichtweg ungesund war. In ihrem Heilungsprozess, in dem sie lernte, ihre Gefühle zu regulieren, stellte sie dann fest, dass die einmal erlernte Art zu beten für sie gerade nicht gut war. Ihr war es eine große Hilfe, dass es ihr Gebet nicht abschwächte, wenn sie sich erlaubte, mit ihren Gefühlen beim Beten vorsichtiger zu sein, bis ihr Trauma geheilt war. Danach konnte sie sich auch wieder emotional Gott nähern, verlor sich aber nicht mehr, sondern blieb im Hier und Jetzt.

Gebet ist ein sehr intimes Miteinander. Was wir manchmal nicht schaffen, einem anderen Menschen mitzuteilen, das gelingt im gemeinsamen Gebet vor Gott: Wir sind wie offene Bücher. Deshalb und weil es um das Hören vor und von Gott geht, sind Gebete sensible Zeiten, die auch schnell missbraucht werden können. Der eine hält eine komplette Predigt, der Nächste verkündigt ungefragt prophetische Eindrücke, der Dritte stülpt seinem Nächsten ein inneres Bild über, ohne dass dieser die Chance hat, es prüfen zu dürfen. Besonders problematisch wird es, wenn diese Dinge dann nicht eintreten und die Betroffenen den nächsten Seelsorger aufsuchen, weil anscheinend etwas mit ihrem Glauben nicht stimmen kann.

Gerade bei Eindrücken und Bildern ist deshalb Vorsicht geboten. Einmal, weil wir die Spannung zwischen unserer Wirklichkeitskonstruktion und dem Wissen, dass es Gott gefällt, durch uns als Geschöpfe hindurch zu reden, nicht auflösen dürfen. Zum anderen, weil der andere, in diesem Fall der Ratsuchende, die Freiheit haben sollte, zu entscheiden, was er mit dem Bild oder Eindruck machen möchte. Das ist schwer auszuhalten, wenn der Beter davon ausgeht, dass Gott sich auf jeden Fall so offenbart hat. Da wir uns danach sehnen, dass Gott mit uns deutlich spricht, vor allem Ratsuchende in Notsituationen, ist es unabdingbar, dass wir, wenn wir die Gabe des Hörens oder der prophetischen Rede haben, extrem zurückhaltend damit umgehen. Die wenigsten Christen sind in der Lage, Gottes offensichtliches Reden so distanziert zu betrachten, um es prüfen und einordnen zu können. Denn in unserer Geschöpflichkeit sortieren wir auch Bilder und Eindrücke in unser Lebenskonzept so ein, wie es unserer Sicht der Dinge entspricht.

Wenn dann ein Ratsuchender von Gott berührt und in seiner Verwundung geheilt wird, dann sind das heilige Momente, die wir von Gott erwarten, aber nicht von uns aus bewerkstelligen können, und die ein großes Vorrecht darstellen.

2.3 Seelsorgliche Besuche: Freud und Leid der besonderen Ereignisse

Eine besondere Form seelsorglichen Gesprächs stellt die aufsuchende Seelsorge dar: Zu (runden) Geburtstagen und anderen Festen oder bei Krankheit, Sterben und Todesfall. Wir können noch einmal unterscheiden in planbare Situationen und in Krisengespräche.

Gemeinsam ist diesen seelsorglichen Begegnungen zunächst einmal, dass der Ort und Rahmen nur begrenzt gestaltbar ist. Möglicherweise sind neben der betroffenen Person auch noch andere anwesend: Angehörige, Freunde oder auch Personen helfender Berufe. Nicht immer ergeben sich in solchen Fällen Einzelgespräche; manchmal wird erwartet, dass der Seelsorger sich auch den Angehörigen und Freunden zuwendet, z. B. bei schwerer Krankheit oder nach dem Tod eines geliebten Menschen.

Gerade in diesem spontan gestaltbaren Setting mit vielen unerwarteten Wendungen kommt es auf eine gute Auftragsfokussierung und auf ein inneres Hören auf einen möglichen Kairos Gottes an. Dazu ist es sinnvoll, sich mit einer hohen Achtsamkeit auf den Weg zu machen.

Wenn Sie solche Besuchsdienste öfter machen, werden Sie sicher schon darüber nachgedacht haben, was bestimmte Aufträge in Ihnen auslösen. Vor allem, wenn es um Krisen, Krankheiten, Sterben und Tod geht, sollten Sie gut für sich geklärt haben, was diese Themen bei Ihnen auslösen, und vor allem, ob es bestimmte spezielle Fälle gibt, die einen Besuch besonders schwer oder gar (zeitweise) unmöglich machen.

Wenn ein Ratsuchender von Gott berührt und in seiner Verwundung geheilt wird, dann sind das heilige Momente, die wir von Gott erwarten, aber nicht von uns aus bewerkstelligen können, und die ein großes Vorrecht darstellen.

Es ist für manche z. B. ein Unterschied, ob ein älterer „lebenssatter" Mensch im Sterben liegt oder ob es um ein Kind geht. Unfälle und andere tragische Ereignisse können Seelsorger mehr mitnehmen als andere Situationen.

Achtsamkeit bedeutet, sich der eigenen Themen und Gefühle bewusst zu sein und sie regulieren zu können. Dazu benötigen Sie ein gutes Reflexionsvermögen, um in wenigen Augenblicken, gerade bei spontanen Besuchen, mit sich selbst so in Kontakt zu sein, dass Sie sich ganz auf die vor Ihnen liegende Situation und den Auftrag, der Ihnen gilt, konzentrieren können, ohne sich selbst zu verlieren.

Für fröhliche Feste und Geburtstagsbesuche gilt das ebenfalls. Ich kenne Seelsorger, für die solche Besuche sogar schwieriger zu bewältigen sind, als wenn es um Krisen geht. Wenn Sie zu so einem seelsorglichen Besuch aufbrechen, bei dem Sie sich eher wie ein Gast als wie ein Seelsorger fühlen, kommt Ihnen auch dann diese Rolle zu. Selbst dann, wenn Sie keine Zusage Gottes weitergeben können, sondern freundlich auf dem Sofa sitzen.

Wir werden in besonderen Augenblicken mehr als sonst als menschliches Gegenüber und als Gottes Gesandte wahrgenommen und haben die Rolle, immanente und transzendente Komponenten sensibel im Blick zu haben. Manchmal ist unsere Anwesenheit allein ausreichend und in ihr spiegelt sich etwas von Gottes Gegenwart, manchmal ist es eine ausgewogene Mischung aus Da-Sein und Zuspruch Gottes und in anderen Fällen ergibt es sich, dass ein Besuchter von einem Zuspruch Gottes berührt wird.

Dies gilt sicher für alle seelsorglichen Gespräche, dass wir sowohl einen Auftrag des Ratsuchenden annehmen als auch im Auftrag Gottes handeln, doch in der aufsuchenden Seelsorge müssen wir noch achtsamer sein und uns einfühlsam gegenüber dem Umfeld verhalten, ohne unseren geistlichen Auftrag außer Acht zu lassen.

Hinzu kommt, dass Sie wesentlich weniger Gestaltungsraum haben. Wenn Sie z. B. zu einem Geburtstag gratulieren, dann werden Sie kaum den Rahmen vorgeben können und es hängt sehr von dem Auftrag des Besuchten ab, was er von Ihnen erwartet.

Das sollte Sie nicht davon abhalten, ein eigenes Ritual vorbereitet zu haben: Manche nehmen die Losungen mit, sprechen, wenn es gewünscht ist, ein Gebet oder einen Segen und fragen zu Beginn oder zum Abschluss, ob sie einen geistlichen Gedanken sagen dürfen. Andere lassen ihn in das Gespräch einfließen und belassen es dabei, es sei denn, der Besuchte möchte darauf eingehen. Andere nehmen in erster Linie eine aussagekräftige Karte mit und warten ab, ob sie darüber ins Gespräch kommen können. Trotz aller Vorbereitung ist es mitunter nicht leicht, herauszufinden, welche Erwartung eine Person unserem Besuch entgegenbringt. Es ist für alle Beteiligten in der Regel eine große Hilfe, nach der Erwartung, also dem Auftrag zu fragen, denn das Angebot „Ich würde gerne für Sie beten, wenn es Ihnen recht ist" trauen sich die wenigsten abzulehnen, selbst wenn sie es eigentlich gerne möchten.

Mehr Gestaltungsraum haben Sie oft in Krisensituationen, in denen Sie häufig die einzige Person sind, die nicht involviert, also innerhalb des Systems, ist. Je mehr Menschen in der Krise sind, desto mehr müssen Sie sich darauf vorbereiten, dass sich diese an Ihnen orientieren. Wenn gerade ein schwerer Unfall geschehen oder jemand gestorben ist, hilft es den Betroffenen oder Hinterbliebenen, wenn Sie gut bei sich sind, sich wahrnehmen und sich regulieren können, um so einerseits einen Raum in sich für die anderen schaffen und sie in ihrer Not mitauszuhalten, andererseits, um sensibel auf die Bedürfnisse der Personen eingehen zu können. Für solche Situationen ist es gut, sich so etwas wie eine Notfallbox anzulegen, in der Sie Ideen für Rituale, Gegenstände und anderes sammeln – zumindest, wenn Sie öfter zu Krisengesprächen gerufen werden. Diese könnte enthalten:

ÜBUNG

1. Kontakt mit sich selbst: Welche Übungen oder Gedanken helfen Ihnen, sich selbst zu reorientieren? Z. B. Körperwahrnehmung, Atmung, Metaebene, belastende Bilder und Gedanken loswerden, ... Welche Sätze, Bilder, Melodien, Gedanken bringen Sie in die Gegenwart Gottes, um Hörender zu sein?
2. Kontakt mit dem Gegenüber: Welche Übungen oder Gegenstände helfen dem anderen bei der Reorientierung? Welche Notfallnummern haben Sie greifbar? Welche Handlungsstrategien kennen Sie, wenn jemand die Situation nicht aushalten kann und zusammenbricht?
   Welche Rituale können Sie anbieten, um die nächsten Minuten zu strukturieren und dadurch erträglicher zu machen?
3. In Kontakt mit Gott bringen: Welche tröstenden Gedanken und Lieder kennen Sie? Wollen Sie Rituale anbieten, wie z. B. das Vaterunser beten, das Abendmahl feiern oder einen tröstenden Segen sprechen?

Nicht alle der aufgezählten Dinge passen tatsächlich in diese Notfallbox, z. B. wenn Sie speziell für solche Situationen ausgewählte Kleidung tragen möchten, um sich besser von der Begegnung distanzieren zu können. Andere Gegenstände sind vielleicht zu groß oder werden auch in anderen Kontexten gebraucht. Schreiben Sie diese Dinge auf eine Liste, die Sie stets greifbar zur Hand haben, denn Krisen haben das Potenzial, auch Ihren Stresspegel so hoch zu bringen, dass es Ihnen schwerer fällt, klare Gedanken zu fassen und an alles zu denken.

FALLBEISPIEL:
Ein Seelsorger wurde zu einer Familie gerufen, in der der Sohn gerade bei einem Autounfall tödlich verunglückt war. Er kannte den jungen Mann entfernt und war dementsprechend betroffen. Um seine eigene Traurigkeit von der Trauer der Angehörigen besser trennen zu können, nahm er sich noch einmal einige Augenblicke, um eigene Gedanken in Form von zehn Adjektiven aufzuschreiben. Danach zog er sich bewusst um, bevor er die Familie aufsuchte. Er bot ihnen seine Nähe an, hörte ihren Gedanken ohne Wertung zu, nahm auch ihre Fragen nach Gottes Abwesenheit und ihre Klage annehmend zur Kenntnis. Er hielt die Hand der Mutter, als sie der Schmerz übermannte, und ging mit ihr ein paar Schritte, um sie aus ihrer Erstarrung zu holen. An geeigneter Stelle klagte er mit den Anwesenden Verse aus Klagelieder 3 und konnte ihnen im Anschluss daran helfen, in das Vaterunser einzustimmen. Bevor er ging, sorgte er dafür, dass die Familie mit Notfallnummern und Menschen versorgt war, die sie in ihrer Trauer unterstützten. Dann machte sich der Seelsorger auf den Heimweg, parkte einige Meter vom Haus entfernt am Straßenrand und nahm sich ein paar Minuten, um eine Runde um den Block zu gehen. Danach erst fuhr er nach Hause, zog sich um und prüfte für sich, was er noch brauchte, um mit dem Tod des jungen Mannes so umzugehen, dass er danach wieder einer anderen Tätigkeit nachgehen konnte.

2.4 *„Kann ich mal einen Termin haben?" Verabredete Gespräche und Gesprächsprozesse*

Wer sich ehren- oder hauptamtlich als Seelsorger betätigt, besitzt einen großen Gestaltungsspielraum, was sowohl die äußeren Bedingungen als auch die inneren Prozesse angeht. Um die Tür-und-Angel-Gespräche von seelsorglichen Prozessen unterscheidbar zu machen, bietet sich ein dafür eingerichtetes Zimmer an. Aufgrund der bereits erörterten Frage, wie Sie gut mit Nähe und Distanz umgehen können, sollte dieses eher ein größerer Raum sein. Als Sitzgelegenheit eignen sich besser Stühle oder leichte Sessel, die sich ggf. verschieben lassen, die Sie in einem Winkel von ca. 90 bis 120 Grad stellen. Viele Seelsorger stellen einen kleinen Tisch dazwischen, auf dem ggf. ein Getränk angeboten werden kann und wo immer ein paar Taschentücher bereitliegen.

Einen größeren Raum brauchen Sie auch, wenn Sie mit leeren Stühlen, Seilen, Skalen oder Zeitleisten auf dem Boden arbeiten wollen.

Wenn Sie eine angenehme Aussicht haben und die Sonne nicht stört, schauen die meisten Ratsuchenden lieber zwischendurch aus dem Fenster als auf eine Wand. Auch Übungen wie Skalen oder Zeitleisten sollten so angelegt werden, dass das Ziel zur hellen Richtung hin liegt.

Gehen Sie einmal bewusst in Ihren Raum und achten Sie darauf, wo Ihr Auge hängen bleibt oder abgelenkt wird: In seelsorglichen Gesprächen brauchen Klienten immer mal Gegenstände, an denen sie sich orientieren können. Außerdem bedenken Sie: Räume reden – was wollen Sie Ihren Ratsuchenden über sich und Ihre Arbeitshaltung mitteilen, was eher nicht? Sie könnten sich zirkulär fragen:

„Was will mir der Raum über mich, meine Klienten und mein Gottesbild sagen?"

Die Gestaltung Ihres Raumes wird sehr darüber mit entscheiden, welche Botschaft Sie an Ihr Gegenüber senden.

Es gibt Räume, die aufgrund ihrer weißen Wände und einer nüchternen Einrichtung aussagen: „Hier wird im Gespräch gearbeitet." Andere wirken eher gemütlich oder sehr entspannend, dadurch wird mitunter zu viel Nähe erzeugt. Manche senden ambivalente Nachrichten. Die Frage lautet daher:

Wie muss Ihr Raum aussehen, damit die Klienten ankommen können, sich einlassen können auf das Gespräch und trotzdem genügend Spannung haben, um sich kritisch mit sich selbst auseinanderzusetzen?

Welche Rituale wählen Sie für Ihre Sitzungen? Wie werden Sie einem Ratsuchenden die Tür öffnen? Wie lassen Sie alles andere hinter sich, kommen bewusst in Kontakt mit sich (z. B. indem Sie durchatmen, den Boden oder die Türklinke spüren) und wenden dann Ihren Aufmerksamkeitsfokus ganz auf die Person, die in Ihr Zimmer tritt? Wie überbrücken Sie den Augenblick der Ankunft bis zum Beginn des Gesprächs sowie den der Verabschiedung? Welche Form des Gesprächsbeginns und -endes wählen Sie? Wie beenden Sie für sich das Gespräch, wenn der Ratsuchende gegangen ist? Wo lassen Sie die Informationen, Schwingungen, Gefühle und Gedanken?

Um seelsorgliche Gesprächsprozesse führen zu können, benötigen Sie eine hohe Achtsamkeit mit sich selbst und mit dem Kontext, aus dem Sie gerade kommen, damit Sie sich dem System des Klienten mit voller Aufmerksamkeit zuwenden können. Je besser das gelernt ist, umso belastbarer sind Sie, wenn es darum geht, mehrere Gespräche hintereinander oder innerhalb einer Woche zu führen.

Um seelsorgliche Gesprächsprozesse führen zu können, benötigen Sie eine hohe Achtsamkeit mit sich selbst und mit dem Kontext, aus dem Sie gerade kommen.

Wenn wir den äußeren Rahmen geschaffen haben, können wir uns der inhaltlichen Gestaltung zuwenden. Für seelsorgliche Gesprächsprozesse ist es wichtig, den Auftrag nicht nur zu Beginn des Kontaktes zu klären, sondern immer mal wieder zwischendrin. Aufträge können wechseln (Teil IV.1.2), daher sollte er immer mal wieder überprüft werden. Zudem leiten sich aus dem Auftrag ein oder mehrere Ziele ab, die der Klient mit unserer Unterstützung erreichen möchte. Ändert sich der Auftrag, muss also auch geklärt werden, ob sich dadurch die Ziele verändern und ob das in Ordnung ist.

ÜBUNG:
Nehmen Sie sich einen Augenblick Zeit und überlegen Sie sich, welchen Auftrag Sie einem Seelsorger nennen würden, wenn Sie in derselben Situation wir Ihr Klient wären. Welche Ziele (immanente und transzendente Komponente) würden Sie gerne mithilfe eines Seelsorgers erreichen wollen?

FALLBEISPIEL
„Ich brauche dringend Hilfe. Die Menschen nutzen mich ständig aus. Ich helfe ja gerne. Wenn es mir dann aber zu viel wird, raste ich so richtig aus. Gestern habe ich angeboten, die Küche meines Neffen mit zu renovieren, zack, schon habe ich die ganze Organisation am Hals. Irgendwie habe ich das Gefühl, sobald ich jemandem meine Hilfe zusage, habe ich gleich die ganze Verantwortung und die anderen machen gar nichts mehr!"

Welchen Auftrag haben Sie für sich herausgehört? Er könnte z. B. lauten:

„Hilf mir, Nein sagen zu lernen, ohne dass ich ein schlechtes Gewissen habe."

Dieser Auftrag ist noch unpräzise und der Aufmerksamkeitsfokus liegt auch noch auf dem Problem. Nach einigen Nachfragen hat sich der Auftrag vielleicht folgendermaßen verändert: Er besteht aus der Absicht, sich selbst, den Kontakt mit dem Gegenüber und mit Gott zu verändern:

„Ich möchte meine Grenzen spüren, annehmen und kommunizieren können. Ich will lernen, mich den dadurch aufkommenden Konflikten zu stellen und sie auszuhalten. Ich bin bereit, mein Bild als dienender Christ zu korrigieren und Gottes Ja über meinem Leben zuzulassen."

Dieser Auftrag beinhaltet schon die Ziele des Prozesses: Kontakt mit sich und Selbstannahme erlernen, den Umgang mit Konflikten verändern, das eigene Gottesbild korrigieren und sich einen befreiten Glauben als Christ erarbeiten. Da diese Ziele miteinander zusammenhängen, ist es aus systemischer Sicht unerheblich, auf welchen Aspekt der Schwerpunkt zuerst gelegt wird, weil der Ratsuchende die anderen Aspekte dazu sofort mitdenken und verändern wird. Wesentlich ist, dass diese Aspekte des Auftrags im triadischen Beziehungssystem immer wieder benannt und offengelegt werden, damit sich der Klient im Gesprächsprozess orientieren kann.

Wesentlich ist auch zu verabreden, woran der Klient merken wird, dass sein Ziel erreicht ist. Anhand des genannten Beispiels könnte der Ratsuchende sagen:

„Ich halte zunächst inne und überprüfe, ob ich auch die Kapazität habe oder die Zeit, um bei der Renovierung zu helfen. Den Umfang von Zeit und Kraft sage ich deutlich und halte mich auch selbst an meine festgelegte Grenze. Wenn ich dann helfe und mitbekomme, dass ich alles alleine machen muss, gelingt es mir, das zeitnah anzusprechen und ggf. die Arbeit bis zur Klärung zu unterbrechen oder aufzuhören. Wenn jemand mich daran erinnert, dass man das als guter Christ doch nicht macht, lasse ich mich nicht beirren, weil ich gelernt habe, dass mein Gutsein vor Gott nicht von meiner Hilfsbereitschaft abhängt, sondern nur von seiner Liebe."

Zuletzt legt der Klient fest, wie viel Prozent er zum Abschluss des Gesprächs erreicht haben will. Die meisten wünschen sich einen Wert zwischen 60 und 80 Prozent. Das reicht auch aus, Ziele müssen nicht hundertprozentig erreicht werden, bevor Menschen die Unterstützung beenden und selbst weiter mit sich und an sich arbeiten.

3. Die seelsorgliche Praxis: der Ratsuchende in seinen Veränderungsprozessen zwischen Chance und Gefährdung

Wir sind auf Veränderung hin angelegt. Allein die körperliche, geistige und emotionale Entwicklung unseres Lebens macht das deutlich. Dabei heißt Entwicklung aber nicht, dass immer alles schöner oder besser wird, sondern anders.

Jede Veränderung hat ihren Preis. Ein Kleinkind verliert seine absolute Versorgung und tauscht sie gegen wachsende Selbstständigkeit ein. Ein Berufstätiger verlässt seine vertraute Arbeitsstelle und seinen Wohnort, um sich einer neuen Aufgabe zu widmen. Ein Christ, der im Glauben wachsen will, stellt fest, dass er von Gott in seinem Leben stärker herausgefordert wird und Glauben nicht immer so einfach ist wie vielleicht zu Beginn.

Veränderungsprozesse sind grundsätzlich krisenanfällig. Eine Krise ist dadurch gekennzeichnet, dass wir zur Bewältigung einer Situation Ressourcen benötigen, die wir noch nicht besitzen.

Immer wieder geben wir Ressourcen auf, um sie zu erweitern oder um neue zu erlangen. Deshalb sind Veränderungsprozesse grundsätzlich krisenanfällig. Eine Krise ist dadurch gekennzeichnet, dass wir zur Bewältigung einer Situation Ressourcen benötigen, die wir noch nicht besitzen. Wir geben Altes auf, ohne das Neue schon zu kennen oder zu können, und fühlen uns darin überfordert. Krisen werden als bedrohlich erlebt und sie sind es auch. Neurobiologisch befinden sich Menschen in Krisen in einem Zustand, bei dem auch stabile Verknüpfungen im Gehirn aufgebrochen werden, sodass die Person sehr instabil werden kann. Außerdem können wir am Ende des Veränderungsprozesses auch mit weniger Ressourcen ausgestattet sein als zuvor.

Unfälle sind beispielsweise auch Veränderungsprozesse, die

emotional und körperlich herausfordern. Wir verlieren Ressourcen, z. B. das Vertrauen, dass immer alles glattgehen wird. Wenn der Unfall auf allen Ebenen gut bewältigt wird, haben wir möglicherweise gelernt, besser auf uns aufzupassen und Gefahren anders einzuschätzen. Wir haben erfahren, dass das Leben nicht sicher ist und wir uns dennoch in Gott bergen können. Die Erfahrung wird unseren Glauben an uns selbst, eventuell zu unseren Mitmenschen, besonders aber auch Gott gegenüber verändern und hoffentlich bereichern.

Bleiben grundsätzliche Schäden, kann der Veränderungsprozess aber auch in erster Linie als Ressourcenverlust erlebt werden. Die Beweglichkeit ist nicht mehr so gegeben, bestimmte Dinge, wie z. B. der Lieblingssport, können nicht mehr ausgeführt werden. Wir schlafen schlechter und unser Vertrauen zu Gott hat Risse bekommen. In solchen Augenblicken sind die Herausforderungen, die an den Ratsuchenden und auch an den Seelsorger gestellt werden, deutlich höher und intensiver.

Auch das Altwerden und Sterben erleben wir vor allem als Ressourcenverlust. Kurz: Wir wollen, dass mit einer Veränderung eine Verbesserung unseres Lebens einhergeht. Das ist häufig, aber nicht immer möglich, und beinhaltet grundsätzlich einen Preis, den wir für die Veränderung bezahlen.

3.1 Beziehungskrisen

Wir sind auf Beziehung hin angelegt – zunächst auf die Beziehung zu Gott, der in seiner Dreieinigkeit ja schon in sich ein Gott der Beziehung ist. Dann aber auch zu anderen Menschen und zu der Schöpfung mit ihren Tieren und Pflanzen. Da Beziehungen in dem Ewigen selbst vorhanden sind, sind auch die Beziehungen zu Gott, Mitmensch und Geschöpf auf Ewigkeit hin angelegt. Deshalb sind wir Menschen in dieser Hinsicht so außerordentlich verletzbar: Wir sind glücklich, wenn Beziehungen gelingen, traurig, wenn wir sie verlieren, und gebrochen, wenn sie misslingen. Wir werden in Beziehungsgeflechte hinein, aus der Ewigkeit heraus geboren und gehen dorthin zurück. Nicht jede Beziehung ist auf Erden wiederherzustellen: Aufgrund von schwerster Verletzungen oder aus anderen Gründen gelingt manche Versöhnung nicht. Erst im Jüngsten Gericht wird Gott Beziehungen zurechtrücken, sodass Begegnung wieder möglich wird. Im seelsorglichen Gespräch sind Beziehungsfragen daher immer unter den Aspekten der Beziehung zu Gott, zur Herkunftsfamilie und dem Gegenüber in der Gegenwart zu betrachten.

a) Der verstörte Christ auf der Suche nach Gott

BEISPIEL

„Ich sitze im Wohnzimmer und frage mich, wo denn hier Gott ist. Dann stelle ich mir vor, dass er sich den anderen zuwendet, weil die viel interessanter sind, aber warum sollte er sich mir zuwenden?"

Diese Christin leidet nicht nur darunter, dass sie Gott nicht erlebt, sondern sie kann sich gar nicht vorstellen, dass er überhaupt Interesse an ihr haben könnte. Trotzdem kann sie sich verstandesmäßig auf ihn einlassen und hat punktuell auch erfahren, dass er sich auch um sie kümmert.

Im seelsorglichen Gespräch sind Beziehungsfragen immer unter den Aspekten der Beziehung zu Gott, zur Herkunftsfamilie und dem Gegenüber in der Gegenwart zu betrachten.

Seelsorger könnten schnell auf die Idee kommen, dass hier Schuld vorliegt und Gott sich deshalb von der Frau abwendet. Meine Erfahrung ist, dass das eher selten der Fall ist. Bei näherem Hinhören fällt auf, dass sie überhaupt keine Idee hat, was Beziehung bedeutet, und auch keine wirkliche Beziehung zu sich selbst hat. Als Seelsorger ist es in solchen Fällen wichtig, diesen Ratsuchenden dabei zu helfen, Kontakt zu sich selbst zu finden, d. h. sich ganzheitlich mit Körper, Gefühl und Verstand wahrzunehmen und an ihrem Selbstwertgefühl und der Selbstannahme zu arbeiten. Möglicherweise, so ist es bei dieser Frau, kann eine Arbeit mit dem Inneren Kind hier helfen. Diese Beziehungslosigkeit hat sie schon als Kind erworben, daher stellt sich seelsorglich die Frage, wie Gott einem Kind begegnet. In diesem Fall hat es z. B. geholfen, an Gottesbildern zu arbeiten, bei denen Gott seine mütterlichen (Jes 66,13 u.a.) und väterlichen Züge gegenüber Kindern zum Ausdruck bringt.

Leidvoll erleben es andere, wenn Gott anscheinend plötzlich schweigt. (Teil II.2.3) Auch in diesem Fall kann Schuld im Spiel sein und wir sollten nach weiteren Möglichkeiten Ausschau halten. Im Alten Testament hat Gott sich oft jahrelang nicht mit neuen Offenbarungen an sein Volk gewandt – alles Wichtige war bereits gesagt. Seelsorglich kann es sein, dass wir einen Ratsuchenden darin ermutigen sollen, an dem festzuhalten, was er bisher bereits für sich erkannt hat. Es besteht daneben auch die Möglichkeit, dass Gott sich auf eine neue Art und Weise zeigen möchte, so, wie ihn der Ratsuchende bisher nicht wahrgenommen hat. Wenn Gott Glauben erweitern will, müssen wir mitunter unsere Hörgewohnheiten ändern. In diesem Fall kann noch etwas anderes, z. B. eine depressive Verstimmung vorliegen.

BEISPIEL

Eine junge Frau hatte sich in ihrem Studium vollkommen übernommen und stolperte nach ihrem Abschluss gleich in eine nächste Prüfungszeit von zwei Jahren. Zusätzlich musste sie ihren bisherigen Wohnort und ihre engsten Freunde verlassen, zog bei einem gefährlichen Mann ein und verlor schon bald aufgrund von massiver Überforderung ihr Interesse für Menschen und ihre Aufgabe. Zu allem Überfluss hatte sich der Himmel verschlossen, Gott war nicht mehr zu finden. Sie war schlichtweg verzweifelt und kämpfte mit großen Ängsten.

Gott war da – die ganze Zeit. In ihrer Depression brauchte sie Ruhe und Menschen, die einfach ebenfalls da waren und sie aushielten. Nach einigen Wochen kehrte die Kraft zurück und mit ihr die Fähigkeit, sich Gott zu öffnen und ihm neu zu begegnen. Als Seelsorger ist es wichtig, dass wir damit rechnen, dass hinter einem Verlust der Beziehung zu Gott auch eine Erkrankung liegen kann.

BEISPIEL

Ein Mann um die 50 Jahre kam zur Seelsorge und berichtete davon, dass er wochenlang in einer Telefonseelsorge alle seine Sünden der Vergangenheit aufzählen und bekennen sollte. Anstatt besser ging es ihm immer schlechter, bis er kaum noch in der Lage war, seinen Alltag zu bewältigen. „Da muss eine ganz besonders schwere Sünde vorliegen", war die Meinung des Telefonseelsorgers.

Ich bin immer wieder erschrocken, wie Menschen Schicht für Schicht ihres Lebens vor anderen Menschen abblättern müssen, weil sich anscheinend immer noch keine Besserung einstellt und doch schwere Sünde zu finden sein müsse. Dabei werden diese Ratsuchenden bei der Innenschau immer weiter psychisch destabilisiert, statt ihnen zu helfen, stärker an ihre Ressourcen anzudocken. Zudem wird verwechselt, dass wir im Jetzt niemals „rein" und „schuldlos" sind, in Gottes Gegenwart dagegen jetzt schon vollkommen.

Ratsuchende, denen von anderen Sünde eingeredet wird oder sie sich selbst einreden, benötigen in besonderer Weise unsere Annahme und Wertschätzung und eine Sicht, die ihnen hilft, die Spannung zwischen dem Schuldigwerden im Jetzt der sichtbaren Welt und dem Vollkommensein im Jetzt der unsichtbaren Welt auszuhalten.

Wenn Ratsuchenden das schwerfällt anzunehmen, ist es wichtig, in das Beziehungsgeflecht der Herkunftsfamilie zu schauen. Hier werden die Weichen gestellt, wie wir Beziehungen erleben, wie mit Schuld und Scham umgegangen wird oder ob sich Ratsuchende selbst annehmen können.

b) Seelsorge angesichts von Krisen in und mit der Herkunftsfamilie

Veränderungen wirken sich systemisch sowohl im Herkunftssystem als auch im aktuellen Beziehungsnetzwerk aus. Will ein Ratsuchender an sich arbeiten, ist es auch wichtig, das erwünschte Ziel mithilfe einer Aufstellung des Herkunftssystems zu überprüfen. (Teil III.9) Unterlässt dies der Seelsorger, kann zweierlei geschehen:

Erstens kann die Veränderung Auswirkungen im Herkunftssystem haben, die der Ratsuchende auf keinen Fall wünscht, z. B. wenn sich dadurch eine für ihn wichtige Beziehung abschwächt. Zweitens können Zuschreibungen aus dem Herkunftssystem Veränderungen verhindern. Bleibt dieser Aspekt unbeachtet, kann der seelsorgliche Prozess scheitern.

BEISPIEL:

Ein Ratsuchender Ende 50 wollte den Zuspruch Gottes, dass er ein geliebter wertvoller Mensch ist, zu seiner neuen eigenen Haltung machen. In seinem Herkunftssystem hatte er gelernt, dass er nur jemand ist, wenn er etwas leistet. Seine Haltung „Ich bin ein wertvoller Mensch“, die er nun mithilfe seines Seelsorgers einüben wollte, hätte aber seine Position in seiner Herkunftsfamilie verändert. Mithilfe einer Aufstellung auf dem Systembrett (Teil III.9) stellte er fest, dass die Beziehung zu seinem Vater womöglich distanzierter werden würde, während die anderen Beziehungen sich entspannen würden. Nachdem der Seelsorger mit ihm geklärt hatte, was er bräuchte, um die größeren Spannungen mit seinem Vater gut zu meistern, war der Ratsuchende seiner neuen Haltung zu sich selbst schon ein ganzes Stück nähergekommen. Allein die Positionsveränderung auf dem Systembrett zum Vater hatte ihm sein Zielgefühl, wertvoll zu sein, bereits vermittelt.

BEISPIEL:
Eine Frau, Mitte 30, wollte lernen, auch ihre traurigen, unangenehmen oder auch zornigen Gefühle zuzulassen und angemessen zu zeigen. Während des Seelsorgeprozesses lernte sie, dass es keine guten oder schlechten Gefühle gibt, sondern dass es darum geht, Gefühle als eigene Bewertung einer Situation wahrzunehmen und angemessen mit ihnen umzugehen. Dennoch gelang ihr die Veränderung nur ansatzweise.

Beim Betrachten Ihrer Herkunftsfamilie fiel auf, dass sie von der Mutter nach dem frühen Tod ihres Vaters die Zuschreibung bekommen hatte „Du bist mein Sonnenschein". Auch hier half eine Aufstellung der Herkunftsfamilie weiter, bei der die Zuschreibung als Platzhalter mit aufgestellt wurde. Schnell wurde deutlich, dass die an und für sich gute Beziehung zur Mutter bei der Veränderung zerbrechen könnte. Intuitiv wusste die Ratsuchende dies und ließ sich auf ihren eigenen Veränderungswunsch nicht ein. An dieser Stelle veränderte sie ihre Haltung und formulierte: „Ich bin gerne ein Sonnenschein, wenn es mir auch so geht. Ich akzeptiere meine Geschichte, dass meine Mutter mich als Trost für den Verlust brauchte. Ich akzeptiere darin den Schmerz, dass ich in dieser Rolle völlig überfordert war. Ich erlaube meiner Mutter, selbst fröhlich zu sein, und mir, auch traurig zu sein."

Danach konnte sie sich tatsächlich erlauben, auch ihren Schmerz und ihre Wut wahrzunehmen.

c) Seelsorge angesichts von aktuellen Beziehungskrisen

Der Mensch ist auf Beziehungen hin angelegt und darum auch darin sehr verletzlich. Zu dem Grundbedürfnis, in Beziehung zu sein, benötigen Menschen ein Gegenüber: Sie finden es in Gott selbst, in der Schöpfung (Gen 2,19) und in anderen Personen.

In der intimsten Beziehung von zwei Menschen als Paar spiegelt sich Gottes Bindung zu seinen Geschöpfen, seine Liebe und seine Hingabe wider. Deshalb ist sie – anders als alle anderen

Beziehungen – auf Ausschließlichkeit hin angelegt. Konflikte, Schuld, Fremdgehen oder Trennungen werden als besonders schmerzhaft erlebt. Neben den gewöhnlichen Verarbeitungsprozessen stellt sich spätestens bei einer Trennung und Scheidung auch die Frage nach dem Schuldigwerden aneinander und vor Gott. Um den Ratsuchenden in seinem Schmerz zu verstehen und ihm beizustehen, ist es wichtig, die eigenen ethischen Maßstäbe hintanstellen zu können. Die Frage nach der Schuld ist eine nachgeordnete – zunächst geht es darum, die Problematik der Beziehung zu erfassen und herauszufinden, ob noch eine Chance für den Erhalt der Beziehung besteht oder ob der Auftrag des Klienten lautet, ihn bei der anstehenden Trennung zu begleiten. Als Seelsorger müssen wir uns im Klaren sein, dass Klienten uns sprechen wollen, die unsere eigenen ethischen Maßstäbe möglicherweise infrage stellen. Deshalb ist es wichtig, die eigenen Grenzen zu kennen und ggf. auf einen Kollegen zu verweisen.

Solange Menschen ihre Beziehungs- und Rollenmuster aus dem Herkunftssystem nicht vor Augen sind, werden sie diese in ihren aktuellen Beziehungen wiederholen und an den schmerzlichen Punkten wiederholt scheitern.

Wenn sich dann im Laufe eines Prozesses auch die Frage nach der Schuld stellt, geht es immer um ein Angebot von Gott, Lasten loszuwerden, das auch als Angebot formuliert werden sollte:

BEISPIEL

„Ich könnte mir vorstellen, dass Sie sich auch manchmal fragen, wo Sie an Ihrem Partner schuldig geworden sind." Oder:

„Wenn eine Beziehung so schmerzlich scheitert, wie Sie es mir gerade erzählen, stellt sich häufig auch die Frage nach dem Schuldigwerden aneinander und vor Gott. Wie gehen Sie damit um? ... Was brauchen Sie da von mir?"

Ein weiterer wichtiger Gesichtspunkt bei Beziehungskrisen ist der Aspekt, dass Menschen Muster aus der Herkunftsfamilie in andere Beziehungen übertragen. Da kommt ein Paar, das sich über das Konfliktverhalten des anderen Partners aufregt. Frage ich nach, so verhalten sich beide so, wie sie es von zu Hause kennen, und wundern sich, wie eigenartig sich der andere verhält.

Andere haben gelernt, in schwierigen Situationen die Flucht zu ergreifen, anzugreifen oder zu schweigen.

Solange Menschen ihre Beziehungs- und Rollenmuster aus dem Herkunftssystem nicht vor Augen sind, werden sie diese in ihren aktuellen Beziehungen wiederholen und an den schmerzlichen Punkten wiederholt scheitern. Umso wichtiger ist es, bei Beziehungsproblemen immer auch einen Rückbezug zu der Herkunftsfamilie herzustellen.

BEISPIEL:
Ein Klient, Mitte 40, fing bei einer neuen Stelle zu arbeiten an und stellte schon nach kurzer Zeit fest, dass sein Chef sich ähnlich jähzornig verhielt wie der vorherige. Rückfragen ergaben, dass dieser Chef sehr der Mutter des Klienten ähnelte, die auch unberechenbare Wutausbrüche bekam.

BEISPIEL:
Eine Klientin, Anfang 30, fühlte sich von ihrer Freundin, Ende 20, ausgenutzt, obwohl sie sich solche Mühe gab und sich um alles kümmerte, wenn die beiden zusammen waren. Ihre Freundin sollte sich doch wohl bei ihr fühlen. Sie entdeckte im Gespräch, dass sie in der Beziehung zu ihrer Freundin ihre hohe Verantwortlichkeit aus ihrer Rolle als ältere Schwester für drei kleinere Geschwister wiederholte.

Werden solche Muster z. B. im Gespräch oder durch eine Aufstellung erkannt, wird deutlich, dass der Ratsuchende zunächst seine Beziehung oder Rolle in seinem Herkunftssystem ansehen sollte, um seinen aktuellen Konflikt lösen zu können. Manchmal reicht es zur Lösung dabei aus, wenn der Klient erkennt, dass er sich nach einem Muster verhält, das im Hier und Jetzt keinen Sinn mehr ergibt. Er kann auch dazu angeleitet werden, eine Körperhaltung (eine Skulptur) für sein Muster der Vergangenheit zu finden. Dazu wird er aufgefordert, sich einen Platz im Raum zu suchen und sich körperlich so auszudrücken, wie es seinem alten Muster entspricht. Danach bildet er eine neue Skulptur, die für seine aktuelle Beziehungskompetenz steht. Zuletzt übt er, wie er von der ersten zu der zweiten Skulptur kommt, und schafft mit dieser Veränderung einen Unterschied im System.

3.2 Seelsorge angesichts von persönlichen Veränderungsprozessen: Entwicklungskrisen

Die menschliche Entwicklung verläuft immer wieder auch krisenhaft. Entwicklungskrisen gehören zum Leben dazu, selbst wenn Personen von anderen Krisen verschont bleiben.

Die schwerste Krise ist die Geburt. Menschen verlassen ihren Schutz- und Versorgungsraum und sind ab diesem Moment (immer mehr) auf sich selbst gestellt. Nahezu alle Ressourcen, die der Embryo im Mutterleib zur Verfügung hatte, gehen ihm verloren, die meisten Ressourcen, die er jetzt zum Leben braucht, muss er noch erwerben.

Jede überwundene Entwicklungskrise beinhaltet die Möglichkeit, neue Ressourcen für sich zu gewinnen.

Gerade zu Beginn des Lebens entwickeln sich die meisten Menschen rasant und können ständig immer mehr. Wird dies weniger oder gar nicht erlebt, stellt das sowohl für den Säugling als auch für seine Familie eine enorme Belastung dar. Die verhinderte Entwicklung wird zur akzidentiellen Krise.

Kinder, Jugendliche und junge Erwachsene erobern in raschem Tempo neue Ressourcen und erweitern dadurch ihre Wahloptionen. Doch auch wenn unser Gehirn eine Baustelle bleibt, sich also bis zu unserem Tod immer weiter verändert und umorganisiert wird, gibt es irgendwann im Leben des Erwachsenen einen Punkt, an dem das Gefühl, mehr neue Ressourcen zu erwerben als bereits vorhandene loszulassen, ersetzt wird durch ein anderes, nämlich dass mehr Ressourcen loszulassen sind, als dass weitere neu erworben werden.

Dennoch: Jede überwundene Entwicklungskrise beinhaltet immer die Möglichkeit, neue Ressourcen für sich zu gewinnen.

a) Seelsorgliche Begleitung von Kindern und Jugendlichen

Die beiden Grunderfahrungen eines Menschen, einmal 24 Stunden rund um die Uhr an einen Menschen gebunden gewesen zu sein (Bedürfnis nach Bindung) und täglich ein bisschen mehr zu können (Bedürfnis nach Autonomie), spielen bei der Entwicklung von Kindern und Jugendlichen eine besondere Rolle. Der Säugling hat ein nahezu hundertprozentiges Bedürfnis nach Bindung; Autonomie würde ihn umbringen.

Kleinstkinder benötigen Bezugspersonen, die ihnen erst einmal beibringen, sich selbst, ihre Gefühle, Bedürfnisse und ihren Körper kennenzulernen. Nur so eignen sie sich die Fähigkeit an, sich selbst wahrzunehmen, und können sich später umso besser auch in andere Menschen einfühlen. Außerdem benötigen sie einen sicheren Rahmen, sie brauchen Menschen, die ihnen vermitteln, dass sie verlässlich für sie da sind, damit sie sich – meist ab dem 1. Lebensjahr – ausprobieren und die Welt entdecken können. Verbundensein ist somit eine wichtige Grundlage, um Autonomie zu erlernen.

Der Glaube von Kindern ist dementsprechend vor allem von dem Gedanken einer Beziehung zu Gott, dem Vater, geprägt und zu dem Sohn Jesus, der Kinder liebt. Gott wird so – wenn es gut gelingt – als verlässlich und versorgend erlebt. Andersherum können früh erlebte Lebensbrüche genau diese tragfähige Beziehung infrage stellen und es dem späteren Erwachsenen erschweren, Gott zu vertrauen.

Im Teenageralter sollte das Autonomiestreben ebenso groß sein wie der Wunsch nach Verbundensein, das jetzt meistens mit

Gleichaltrigen gesucht wird. Für Eltern wie für Teenager ist dieser Zeitpunkt allein deshalb schon oft eine Krise. Für Eltern wird es Zeit, ihrem Kind immer mehr Mitspracherechte und Vertrauen entgegenzubringen und es stark zu machen für sein eigenes Leben. Im Teenager dagegen kämpft eine große Ambivalenz zwischen „noch Kind sein" mit dem Bedürfnis nach Bindung zu den Eltern und der Sehnsucht nach Autonomie und Eigenverantwortung. Beides kann in kurzen Augenblicken schlagartig wechseln. Hinzu kommt, dass zahlreiche neuronale Netzwerke im Gehirn aufgebrochen und neu verknüpft werden – der Teenager hat sprichwörtlich Chaos im Kopf. Er ist verwirrt und auf der Suche nach seiner eigenen Identität. Doch er braucht dieses Chaos, um seine eigenen Werte und Maßstäbe bilden zu können – ein großer Ressourcenzuwachs für seine Zukunft.

In diesem Alter wird auch die Frage nach Sinn und dem Glauben noch einmal oder zum ersten Mal gestellt und neu beantwortet. Die Religionsmündigkeit 13- bis 14-jähriger Kinder im Judentum, Christentum und Islam hat hier ihren guten Grund. Der Teenager braucht in seinem Streben nach Unabhängigkeit auch die Möglichkeit, Gott und Glauben in der Weite des Ausprobieren-Dürfens und Jesus als Freund zu erleben. Die seelsorgliche Begleitung von Teeangern ist deshalb so fragil und herausfordernd, weil der gerade erst selbst entdeckte Glaube oft nur ein zartes Pflänzchen ist, das den eigenen Gefühls- und Sinnesschwankungen standhalten muss und sich zugleich weiterentwickeln und verändern darf.

b) Seelsorgliche Fragestellungen im Erwachsenenalter

Im Erwachsenenalter warten weitere Entwicklungskrisen. Der junge Erwachsene wird heute von einer Fülle an Optionen nahezu erdrückt und erhält zugleich die Botschaft, dass alles veränderlich ist und dadurch nichts wirklich sicher. Allein die berufliche Orientierung kann dadurch krisenhaft erlebt werden. Hinzu kommen Fragen nach Partnerschaft und eigener Familie. Fragen nach eigener Identität, Persönlichkeit und Zugehörigkeit schaffen weitere Unsicherheit.

In dieser Situation muss der eigene Glaube seine Tragfähigkeit beweisen. Darin liegt die Chance, den Glauben zu vertiefen, und die Gefahr, ihn als unrelevant weitgehend aus der Lebensplanung auszuklammern.

Eine nächste Krise, die Midlife-Crisis, wird oft in den 40ern erlebt. Viele Menschen fragen sich, was sie mit ihrer 2. Lebenshälfte anfangen möchten. Bei Familien verlassen die Kinder langsam das Haus – eine Neuorientierung beginnt. Von den vielen Optionen zu Beginn des Erwachsenwerdens hat man manche gewählt und sich gegen viele andere entschieden. Einige dieser Entscheidungen stehen nun wieder auf dem Prüfstand. Soll das Leben so weiterlaufen wie bisher? Oder soll doch etwas anderes das weitere Leben prägen?

Der junge Erwachsene wird heute von einer Fülle an Optionen nahezu erdrückt und erhält zugleich die Botschaft, dass alles veränderlich ist und dadurch nichts wirklich sicher.

In dieser Phase ist es wichtig zu klären, bis wohin Gott einen Menschen gebracht und hindurchgetragen hat und zu welchen neuen Schritten Gott herausfordern möchte. Ein niederschmetterndes Fazit, das bisherige Leben verlebt zu haben, kann den Glauben sehr infrage stellen. Dann braucht es Raum, um dieser verflossenen Zeit nachzutrauern. Zahlreiche Menschen haben in meiner Praxis schon gesagt: „Wäre ich doch 20 Jahre eher gekommen."

Auf der anderen Seite kann eine neue Herausforderung in privater oder beruflicher Hinsicht auch den Glauben erfrischen. Man macht einen mutigen Schritt, in der Hoffnung auf einen Gott, der versprochen hat, mit uns zu gehen.

c) Seelsorgliche Unterstützung beim Älterwerden und Loslassen

Eine große Krise stellt das Loslassen der Arbeit dar. Für viele hat sie einen großen Zeit- und Kraftaufwand bedeutet, Struktur und Sinn gegeben und fällt nun von heute auf morgen weg. Hinzu kommen die zahlreichen Gebrechen, die bei den meisten schon im Laufe der Jahre zuvor stetig zugenommen haben. Ältere Menschen in den 60ern setzen sich noch einmal ganz neu mit ihrem bisherigen Leben auseinander und müssen sich zugleich ganz neu orientieren. Inhalte, die 30 oder 40 Jahre des Lebens einen Großteil der Zeit ausgemacht haben, fallen weg, doch ihre Prägung im Alltag bleibt. So malte mein Vater, der sein Leben lang Schiffsmotoren konstruierte, Blumen nach wie vor mit Lineal und Bleistift. Je weniger Raum Hobbys oder Ehrenämter im bisherigen Leben einnahmen, umso schwerer fällt es, mit solchen Dingen nun zu beginnen.

Der Glaube kann zu einem reichen Schatz geworden sein, von dem, wenn er jung geblieben ist, Gemeinden zehren können. Leider sehe ich noch selten, dass dieser Schatz genutzt wird, stattdessen versammeln sich die Älteren in Seniorenkreisen und -gottesdiensten. Dort – unter Gleichaltrigen – ist es schwerer, dass der Glaube eine große Weite bekommt oder behält. In der Auseinandersetzung mit jungen Menschen und dem sich aufeinander Einlassen wäre das deutlich leichter.

Der Glaube älterer Menschen kann aber auch angesichts der Vergangenheit verbittert sein oder angesichts der Zukunft angstvoll.

Mit der letzten Entwicklungskrise setzen sich Betagte auseinander, die sich mit dem Thema Loslassen noch einmal sehr grundsätzlich beschäftigen müssen. Körperliche Gebrechen gewinnen immer mehr die Oberhand; Freunde, Familienmitglieder und andere soziale Kontakte sterben oder sind längst gestorben. Es stellt sich die Frage, was vom eigenen Leben bleibt – als Lebenswerk für die Nachkommen auf der Erde und in Vorbereitung auf den Rückgang in die Ewigkeit. Was soll vor dem eigenen Tod noch geklärt werden?

Der Glaube und die Zuversicht auf Gottes große Barmherzigkeit können eine besondere Hilfe sein, sich diesen Fragen zu stellen. Andererseits schafft die Blockade, sich diesen Fragen nicht stellen zu können oder zu wollen, die Möglichkeit, sich Gottes tragfähiger und zugewandter Beziehung deutlicher auszuliefern und auf seine Barmherzigkeit und Güte mehr als bisher zu vertrauen. Der Glaube kann durch diese Krise noch einmal deutlich freier und weiter werden.

Krisen, insbesondere Entwicklungskrisen, lassen sich seelsorglich gut mithilfe einer Timeline (Zeitlinie) oder einer Skala (Teil III.8) begleiten. Für Kinder sollten die Methoden deutlich kürzer und spielerischer angewendet werden, z. B. mithilfe von Tieren, Bildern oder Geschichten. Je älter das jeweilige Kind ist, desto abstrakter kann auch die Methode genutzt werden.

Bei der Timeline geht es in einer Krise darum, anhand eines Zeitstrahls herauszufinden, wo im Leben es schon einmal Krisen (ähnlicher Art) gab und wie die Person es geschafft hat, diese zu bewältigen. Eine weitere Frage dazu lautet, welche Ressourcen der Ratsuchende daraus gewonnen hat und wie diese ihm in der aktuellen Krise helfen können.

Den Zeitstrahl lasse ich mit einem oder mehreren miteinander verknüpften Seilen auf den Boden legen; dabei kann er geradlinig verlaufen oder auch kurvig. Er beginnt beim Lebensanfang und sollte deutlich länger sein, als der Klient zum Zeitpunkt des Gesprächs alt ist. Dieser wird nun gebeten, an seinem Lebensanfang zu beginnen und langsam am Zeitstrahl entlangzugehen. Stehen bleiben soll er, sobald er spürt, dass er zu dem Zeitpunkt eine Krise erlebt hat. Diese wird nur kurz skizziert, damit er nicht an seinem Problembewusstsein andockt. Wichtiger ist es, die Bewältigungsstrategien und die gewonnenen Ressourcen herauszuarbeiten, auf Moderationskarten zu notieren und nebendran zu platzieren. Außerdem können Glaubenselemente erfragt und notiert werden. Hat der Ratsuchende viele Krisen erlebt, muss nicht jede Krise benannt werden, sondern er kann sich auch auf drei wesentliche oder ähnliche Herausforderungen beschränken. Zuletzt geht der Ratsuchende zu seiner aktuellen Krise und nimmt nun bewusst die aus den vergangenen Krisen gewonnenen Ressourcen in seinem Rücken als Stärkung wahr. Nun ist der Klient viel stärker mit seinem Lösungsschatz verbunden und es können erste Lösungsideen bearbeitet werden.

Wenn es eher um einen Veränderungsprozess während einer Midlife-Crisis geht, z. B. um die Suche nach einem neuen sinnstiftenden Job, bietet sich die Arbeit mit einer Skala (Teil III.8) an. Die Skala von 1 bis 10 wird vom Ratsuchenden auf den Boden gelegt und der Klient betritt die Skala mit der Frage, auf welcher Zahl er sich derzeit (schon) befindet, wenn er an seine neue Aufgabe denkt. Oft hat er sich ja schon einige Gedanken gemacht, Weiterbildungen besucht, Stellenbeschreibungen angesehen, mit Freunden oder der Familie über die mögliche Veränderung gesprochen.

Danach wird er gebeten, sich auf die Zahl zu stellen, bei der er glaubt, die neue Stelle erreicht zu haben. In der Regel verändert sich jetzt die Körperhaltung und Atmung deutlich. Auf dieser Zahl, meistens zwischen 8 und 10, wird nun das Zielgefühl erarbeitet: Stolz, Erleichterung, hohe Energie, Freiheit, Leichtigkeit, Zufriedenheit ... und körperlich verankert. Wichtig ist, dass der Klient auf der Skala in Richtung Ziel steht. Nun wird er gebeten, Schritt für Schritt rückwärtszugehen, bis zum Ausgangspunkt, immer mit der Frage, was er an diesem Punkt erreicht haben wird (Futur II: III.5). Dadurch entwickelt er seinen Veränderungsplan von hinten nach vorne, was vielen leichter fällt, als den ersten Schritt für sich zu erkennen und festzulegen. Zuletzt geht der Ratsuchende alle Schritte noch einmal von vorne nach hinten zu seinem Zielpunkt, um sie für sich noch einmal auf ihre Stimmigkeit hin zu untersuchen. Für die meisten Ratsuchenden visualisiert sich dadurch der Veränderungsprozess, der in machbare Schritte zerlegt wird und den sie danach gut umsetzen können. Hindernisse und Rückschläge lassen sich in weiteren Gesprächen gut ansehen, indem die Skala wieder hingelegt und nachgeprüft wird, wo auf der Skala die Blockade liegt und was helfen könnte. Durch die stark körperorientierte Arbeit kommen dem Ratsuchenden schnell weitere Ideen zu seinem Prozess.

3.3 Akzidentielle Krisen

a) Seelsorge angesichts von Krankheit und Leid

Das Leben ist zerbrechlich und wir sind immer einen Schritt von der unfassbaren Katastrophe entfernt. Es erschüttert uns, wenn Krankheit, Leid und Tod über uns hereinbrechen, und stellt auch unseren Glauben in besonderem Maß infrage.

Akzidentielle Krisen können ganz unterschiedlich ausgelöst werden, z. B. durch Arbeitslosigkeit, Unfälle, psychische oder physische Erkrankungen sowie Verluste und Todesfälle und anderes mehr.

Menschen brauchen in diesen Situationen besonders seelsorgliche Unterstützung, die auch neben der Begleitung durch andere Fachleute weitergehen sollte. So benötigen arbeitslose Personen auch noch Hilfestellung von Ämtern oder einen Coach, Schwerkranke und Verunfallte einen Arzt, Menschen in psychischen oder suizidalen Krisen einen Nervenarzt und/oder Therapeuten. Doch auch wenn diese Fachleute die menschlichen Ursachen weitgehend behandeln sollten und teilweise sogar müssen, etwa bei schweren psychischen Störungen und suizidalen Krisen, ist Seelsorge im Sinne des gemeinsamen Sitzens in der Dunkelheit vor Gott oberstes Gebot. Da harrt der Seelsorger schweigend an der Liege des von Schmerzen erstarrten Mannes aus, dessen Frau bei einem schrecklichen Unfall ums Leben gekommen ist. Da hält die Seelsorgerin die Hand einer Frau im mittleren Lebensalter, die gerade nach Jahren der Arbeitslosigkeit einen Job erhalten hat und gleichzeitig mit der Diagnose Krebs konfrontiert wird. Da hofft und glaubt der Begleitende anstelle des schwer Depressiven, der nur noch Gottes Schweigen wahrnehmen kann, oder anstelle des Dementen, dem der bewusste, reflektierte Glaube an Gott immer mehr entgleitet, bis wirklich nur noch Gefühle und Körpergefühle zu spüren sind.

Das Leben ist zerbrechlich und wir sind immer einen Schritt von der unfassbaren Katastrophe entfernt.

Menschen in ihren akzidentiellen Krisen zu begleiten, bedeutet oft, mit ihnen zu schweigen, zu weinen, zu klagen und vor Gott darauf zu pochen, dass er sich in dieser Dunkelheit zeigt und tröstet. Klagepsalmen, wie Psalm 88, oder die Klagelieder, z. B. Kapitel 3, helfen hier ebenso weiter wie formulierte Gebete, die sich im Gesangbuch finden. Schauen Sie sich einmal Verse aus dem Klagelied des Jeremia an und setzen Sie sich bewusst den starken Bildern des Klagenden aus:

Ich bin der Mann, der Elend sehen muss durch die Rute des Grimmes Gottes. Er hat mich geführt und gehen lassen in die Finsternis und nicht ins Licht. Er hat seine Hand gewendet gegen mich und erhebt sie gegen mich Tag für Tag. Er hat mir Fleisch und Haut alt gemacht und mein Gebein zerschlagen. Er hat mich ringsum eingeschlossen und mich mit Bitternis und Mühsal umgeben. Er hat mich in Finsternis versetzt wie die, die längst tot sind. Er hat mich ummauert, dass ich nicht herauskann, und mich in harte Fesseln gelegt. Und wenn ich auch schreie und rufe, so stopft er sich die Ohren zu vor meinem Gebet. Er hat meinen Weg vermauert mit Quadern und meinen Pfad zum Irrweg gemacht. Er hat auf mich gelauert wie ein Bär, wie ein Löwe im Verborgenen. Er lässt mich den Weg verfehlen, er hat mich zerfleischt und zunichtegemacht. Er hat seinen Bogen gespannt und mich dem Pfeil zum Ziel gegeben. Er hat mir seine Pfeile in die Nieren geschossen. ... Dies nehme ich zu Herzen, darum hoffe ich noch: Die Güte des HERRN ist's, dass wir nicht gar aus sind, seine Barmherzigkeit hat noch kein Ende, sondern sie ist alle Morgen neu und deine Treue ist groß. (Klgl 3,1–13.21–23)

Menschen in ihren akzidentiellen Krisen zu begleiten, bedeutet oft, mit ihnen zu schweigen, zu weinen, zu klagen und vor Gott darauf zu pochen, dass er sich in dieser Dunkelheit zeigt und tröstet.

Daneben sind die Ressourcen zur Bewältigung der Krise zu aktivieren (Coping-Strategien): Dabei geht es häufig darum, die kleinen Unterschiede bspw. während eines Tages herauszufinden und danach zu fragen, was der Ratsuchende zu dem Zeitpunkt anders macht, erlebt, wahrnimmt. Bei einem Depressiven ist diese Zeit z. B. oft der spätere Nachmittag oder frühe Abend, an dem es etwas besser geht. Es hilft, darauf den Fokus zu legen und sich zu dieser etwas besseren Zeit während des Tages zu hangeln bzw. sich klarzumachen, dass es diese etwas besseren Augenblicke gibt. Gelingt das, vermittelt das dem Leidenden Hoffnung auf Linderung oder Überwindung des Schmerzes.

b) Seelsorge angesichts von Sterben und Tod

Im Sterbeprozess verdichtet sich die Atmosphäre, Zeit und Raum treffen Ewigkeit und Himmel; der Mensch im Hier und Jetzt fällt in die unsichtbare Welt zurück und begegnet seinem Schöpfer. Immer wieder höre ich und habe es auch schon erlebt, dass selbst nicht mehr ansprechbare Personen kurz vor ihrem Tod noch einmal mehr da sind und Dinge aufnehmen können und wollen. Aber dies geschieht nicht immer und es bleiben besondere Momente, wenn Demente oder nicht mehr Sprachfähige oder andere Menschen, die sich schon lange nicht mehr äußern, plötzlich Augenkontakt herstellen, Gebete mitverfolgen, Worte oder Sätze sprechen, Liedzeilen mitsingen. Es sind besondere Augenblicke der Gnade, wenn sich ein Sterbender bewusst auf seine Begegnung mit dem Schöpfer vorbereiten darf.

Es sind besondere Augenblicke der Gnade, wenn sich ein Sterbender bewusst auf seine Begegnung mit dem Schöpfer vorbereiten darf.

Sterbende wollen auch wissen, wie es um sie steht. Es ist ein Akt gnädiger Sorge, wenn sich Angehörige oder der Seelsorger trauen, den Sterbenden auf seinen Abschied hin vorzubereiten. Wenn es schwierig wird, für die Tatsache des nahen Todes und für die Vorbereitung darauf gute Worte zu finden, helfen die vorformulierten Gebete im kirchlichen Gesangbuch gut weiter. Psalm 23 ist ein sehr tröstlicher Psalm, den ein Seelsorger lesen kann, Vaterunser und Glaubensbekenntnis sind vielen noch ein Begriff. Auch dem Sterbenden bekannte Liedtexte und gesungene Lieder können sehr tröstlich sein – sowohl für den Sterbenden selbst als auch für die weiteren anwesenden Personen.

Wenn Seelsorger Sterbende begleiten, ist es neben der Fürsorge für Sterbende selbst auch wichtig, den Angehörigen einen Rahmen zu schaffen, so sie es denn wünschen (IV.2.3). Eine private, ungestörte Atmosphäre, ein paar Blumen und eine Kerze auf dem Nachttisch, ein abgedunkeltes Zimmer, jemand, der sich um das leibliche Wohl kümmert – alle diese Dinge helfen beim herannahenden Abschied. Manchmal ist es gut zu schweigen, manchmal kann es Angehörigen helfen, Worte zum Sterbenden zu sprechen, sich an schöne gemeinsame Begebenheiten zu erinnern oder Danke zu sagen. Mitunter, gerade für Kriegskinder, ist es wichtig, ihnen die Erlaubnis zu geben, sterben zu dürfen, denn genau deshalb haben sie den Krieg überlebt: Weil sie zu stark waren, um zu sterben. Dementsprechend fällt der Sterbeprozess manchmal sehr lange aus. Ein anderer Grund, nicht sterben zu können, liegt in einer noch nicht bereinigten Beziehung oder dem Warten auf einen bestimmten Freund oder Angehörigen. Manche Menschen sterben lieber, wenn sei alleine sind – Kinder z. B. wollen das ihren Eltern oft nicht zumuten. Andere wollen gerade, dass die Familie dabei ist. Als Seelsorger ist es gut, diese Dinge im Kopf zu haben und dem Sterbenden wie den Angehörigen zu helfen, einen guten Weg zu finden.

Viele Menschen sterben dagegen plötzlich und unvermittelt. Ist der Tod eingetreten und es besteht die Möglichkeit, sich Zeit zum Abschiednehmen zu lassen, sollte dies auch geschehen. Es gibt Zeit für ein gemeinsames Vaterunser, für Tränen, Erinnern und Loslassen, bis der Arzt geholt wird, der den Totenschein ausstellen muss. Danach bleiben 36 Stunden, in denen der Tote aufgebahrt werden kann oder vom Bestatter abgeholt wird. In den nächsten Stunden nach dem Tod müssen etliche Entscheidungen getroffen werden – als Seelsorger können Sie die Angehörigen in den Fragen unterstützen, wen sie um sich brauchen und welche Hilfe für sie wichtig wäre. Besteht eine gute Verbindung, ist es eine große Hilfe, wenn ein Seelsorger bei nahen Angehörigen und Freunden einige Wochen später nach dem Ergehen fragt. Oft sind die ersten Tage und Wochen nach dem Tod so angefüllt mit Aktionen, dass keine Zeit bleibt, um das Fehlen eines Menschen zu realisieren. Wenn dann die Lücke deutlich wird und sich der Schmerz nach oben bohrt, sind die meisten Menschen im Umfeld schon wieder zur Tagesordnung übergegangen. Genau dann brauchen Trauernde jemanden, der ihnen ein Ohr leiht und einen tröstenden Gedanken ausspricht.

Zu guter Letzt

Der Abend ist vorangeschritten und nachdem schon mein Kater und meine Stute ihren Platz in diesem Buch bekommen haben, darf meine Katze nicht fehlen. Sie hat heute schon am Zyperngras gezupft und den herannahenden Frühling in Form von einer gelben Margeritenstaude beschnuppert. Nun liegt sie nach etlichen Kuschelrunden zufrieden zusammengerollt auf dem Sessel in meinem Arbeitszimmer.

Immer wieder staune ich, wie gut sie für sich sorgt, indem sie ihre Bedürfnisse wahrnimmt und mir sehr deutlich macht, ob sie gerade toben, naschen, kuscheln oder entspannt schlafen will. Die erste Woche, nachdem sie bei mir einzog, war ich versucht, mich gemütlich danebenzulegen, so eine entspannende Wirkung hatte sie auf mich.

Mein Leben hat sich seit ihrem Einzug sehr verändert, ich lerne von ihr (und von ihrem Bruder) noch einmal neu, was es bedeutet, ganz im Augenblick zu sein: das Leben zu genießen, sich selbst wichtig zu nehmen und dies notfalls lautstark zu äußern. Sie gibt dabei ganz viel an ihren Menschen, sprich an mich, zurück: Vertrauen, Nähe, Freude.

Jeder Moment kann eine andere Wirklichkeit schaffen und unser Leben auf den Kopf stellen. Doch wird er getragen von Gottes Ja. Daraus schöpfen Seelsorger und Ratsuchende Kraft.

Gerade als Seelsorger brauchen wir diese Erinnerung, sein zu dürfen und im Nachdenken über unser Sein den zu finden, der war, ist und sein wird. Manchmal glaube ich, dass Gott auch dazu Tiere geschaffen hat: damit sie uns umgeben und uns „Reflexionsbegabte" daran erinnern, dass sich unser Schöpfer im Augenblick finden lassen will, im Hier und Jetzt. Dass jeder dieser Augenblicke zurückweist auf die unsichtbare Welt, aus der er entspringt und in die er augenblicklich wieder zurückfällt. Jeder Augenblick – der gute und der schwere. Jeder Moment kann eine andere Wirklichkeit schaffen und unser

Leben auf den Kopf stellen. Doch wird er getragen von Gottes Ja. Daraus schöpfen Seelsorger und Ratsuchende Kraft und Hoffnung und halten gemeinsam Ausschau nach ihrem gemeinsamen Ratgeber, der versprochen hat, sich in Raum und Zeit zu offenbaren und sich seiner Menschen zu erbarmen.

Literaturverzeichnis

Aland, Kurt u. a. (1966): The Greek New Testament. Stuttgart: Biblia-Druck. 3. Aufl. 1983.

Allender, Dan B./Longman III, Tremper (1994): The Cry of the Soul. How our Emotions Reveal our Deepest Questions about God. Colorado Springs: Navpress.

Bradshaw, John (2002): Das Kind in uns. Wie finde ich zu mir selbst? München: Knauer.

Enders, Guilia (2014): Darm mit Charme. Alles über ein unterschätztes Organ. Berlin: Ullstein. 33. Aufl. 2015.

Floyd, Scott (2008): Crisis Counseling. A Guide for Pastors and Professionals. Grand Rapids: Kregel.

Grabe, Martin (2002): Lebenskunst Vergebung. Befreiender Umgang mit Verletzungen. Marburg: Francke. 5. Aufl. 2012.

Hantke, Lydia/Görges, Hans-Joachim (2012): Traumakompetenz. Basiswissen für Therapie, Beratung und Pädagogik. Paderborn: Junfermann.

Herbst, Michael (2012): Beziehungsweise. Grundlagen und Praxisfelder evangelischer Seelsorge. Neukirchen-Vluyn: Neukirchener.

Hüther, Gerald/Schmidt, Gunther/Büntig, Wolf (2009): Gehirn und Körper – ein interdisziplinärer Diskurs. Originalvorträge auf CD. Müllheim: Auditorium-Netzwerk.

Imaginationsübungen unter http://www.institut-berlin.de/uebungen/

Lincoln, Margaret (2012): In mir wohnen. Mit dem Körper glauben lernen. Neukirchen-Yluyn: Neukirchener.

Lincoln, Peter (2007): Wie der Glaube in den Körper findet. Focussing als spiritueller Übungsweg. Neukirchen-Vluyn: Aussaat.

Lutherbibel rev. Text 1984, durchges. in neuer Rechtschreibung 1999. Stuttgart: Deutsche Bibelgesellschaft.

Morgenthaler, Christoph (1999): Systemische Seelsorge. Impulse der Familien- und Systemtherapie für die kirchliche Praxis. Stuttgart: Kohlhammer. 5. Aufl. 2014.

Morgenthaler, Christoph (2009): Seelsorge. Gütersloh: Gütersloher Verlagshaus. 2. Aufl. 2012.

Nouwen, Henry (2003): Dem vertrauen, der mich hält. Das Gebet ins Leben nehmen. Freiburg: Herder. 3. Aufl. 2007.

Nouwen, Henry (1997): Die innere Stimme der Liebe. Aus der Tiefe der Angst zu neuem Vertrauen. Freiburg: Herder. 14. Aufl. 2008.

Perry, Bruce D./Szalavitz, Maia (2006): Der Junge, der wie ein Hund gehalten wurde. Was traumatisierte Kinder uns über Leid, Liebe und Heilung lehren können. München: Kösel. 3. Aufl. 2010.

Pfennighaus, Dietmar (2011): Neue Horizonte. Beziehungen stärken durch systemische Seelsorge. Marburg: Francke.

Reichel, René/Rabenstein, Reinhold (2001): Kreativ beraten. Methoden, Modelle, Strategien für Beratung, Coaching und Supervision. Münster: Ökotopia.

Rothschild, Babette (2002): Der Körper erinnert sich. Die Psychophysiologie des Traumas und der Traumabehandlung. Essen: Synthesis.

Schlippe, Arist von/Schweitzer, Jochen (1996): Lehrbuch der systemischen Therapie und Beratung. Göttingen: Vandenhoeck & Ruprecht. 10. Aufl. 2007.

Schmidt, Gunter (2005): Einführung in die hypno-systemische Therapie und Beratung. Heidelberg: Carl-Auer. 6. Aufl. 2014.

Schmidt, Gunther (2011): Wie hypnotisieren wir uns erfolgreich im Alltag – Einführung in hypno-systemisches Empowerment. Originalvortrag auf CD. Müllheim: Auditorium-Netzwerk.

Schmidt, Gunther (2004): Liebesaffären zwischen Problem und Lösung. Hypno-systemische Arbeiten in schwierigen Kontexten. Heidelberg: Carl-Auer. 5. Aufl. 2013.

Schröder, Sabine (2015): Veränderungsprozesse erfolgreich meistern, aber wie? Ein Leitfaden zum Selbstcoaching. Books on demand.

Schweitzer, Jochen/Schlippe, Arist von (2007): Lehrbuch der systemischen Therapie und Beratung II. Das störungsspezifische Wissen. Göttingen: Vandenhoeck & Ruprecht. 3. Aufl. 2009.

Schwing, Rainer/Fryszer, Andreas (2004): Systemisches Handwerk. Werkzeug für die Praxis. Göttingen: Vandenhoeck & Ruprecht. 3. Aufl. 2009.

Spitzer, Manfred (2002): Entwicklungsneurobiologie. Seminar auf den Lindauer Psychotherapiewochen auf CD. Müllheim: Auditorium-Netzwerk.

Spitzer, Manfred (2005): Erfolgreich lernen in Kindergarten und Schule. Originalvortrag auf CD. Müllheim: Auditorium-Netzwerk.

Spitzer, Manfred (2006): Nervenkitzel. Neue Geschichten vom Gehirn. Frankfurt/Main: Suhrkamp.

Veeser, Wilfried (1998): Teilprojekt 1. Radikale christliche Gruppen der ersten Generation. Neue religiöse und ideologische Gemeinschaften und Psychogruppen. Forschungsprojekte und Gutachten der Enquete-Kommission „Sogenannte Sekten und Psychogruppen", hg. v. Deutschen Bundestag, Hoheneck, S. 39–105.

Veeser, Wilfried (2013): Mit psychisch kranken Menschen in Beziehung sein. Hinweise für Angehörige und Gemeinden. Holzgerlingen: Hänssler.

Veeser, Wilfried u. a.: Skripte der Bildungsinitiative e.V. Kirchheim.

Ziemer, Jürgen (2000): Seelsorgelehre. Göttingen: Vandenhoeck & Ruprecht. 3. Aufl. 2008.

Glossar

Assoziation	Zwei oder mehr Elemente, die zunächst isoliert voneinander waren, werden miteinander verknüpft.
„bildern“	Begriff, den m. W. Gunther Schmidt geprägt hat. Er verdeutlicht damit, dass Säugetiere, z. B. Kühe, nicht über ihre Erfahrungen reflektieren, wohl aber innere Bilder erleben. Diese bildhafte Ebene nehmen sie auch bei uns Menschen wahr. Im pferdegestützten Coaching machen wir uns diese Fähigkeit zunutze, denn fein ausgebildete Pferde reagieren auf unsere gedachten Vorstellungen unmittelbar und sehr wirkungsvoll.
Dissoziation	Trennung von assoziierten Gedächtnisinhalten.
Externalisieren	Nach außen verlagern.
Großhirnrinde	Ein Teil des bewussten Gedächtnisses, mit dem wir u. a. reflektieren, Dinge komplex verarbeiten und uns selbst als Person wahrnehmen.
Hirnstamm	Der Hirnstamm reguliert alle wichtigen Körperfunktionen, ist also demnach der zentrale Taktgeber des Lebens. Besitzt ein Mensch wenig Fähigkeiten, sich zu regulieren, sollte der Hirnstamm durch rhythmische Handlungen, wie z. B. Schaukeln, oder durch Rituale nachgenährt werden.

Hypnose	In der Hypnotherapie wird Hypnose vor allem als Methode verstanden, um Klienten in eine größtmögliche Aufmerksamkeit auf wenige Inhalte (Lösungstrance) zu führen.
Hypno-systemisch	Von Gunther Schmidt begründeter Ansatz, der vor allem die systemischen und hypnotherapeutischen Sichtweisen aufgreift und vereint.
Hypnotherapeutisch	Von Milton Erickson begründeter Ansatz, bei dem es vor allem um die Fokussierung der Aufmerksamkeit und der dazugehörenden Assoziationsketten geht.
Imagination	Vorstellungen von Bildern.
Intervention	Ein aktiver Schritt des Seelsorgers in seinem Gespräch. Kann eine Frage, Aussage, aber auch eine Mimik, Gestik oder eine Übung beinhalten.
Intervision	Ist eine Draufsicht auf sich selbst oder einen Fall unter Kollegen, ohne dass ein Supervisor zugegen ist.
Kairos	Günstiger oder richtiger Zeitpunkt.
Kontext	Zusammenhang.
Limbisches System	Das Limbische System liegt oberhalb des Hirnstamms. Seinen Namen hat es von Paul Broca erhalten.

Lösungsorientiert (-fokussiert)	Der Ansatz von Steve de Shazer und Insoo Kim Berg geht davon aus, dass man die Probleme lösen kann, ohne sie analysieren zu müssen, indem man sich auf die Ressourcen der Beteiligten konzentriert.
Metaebene	Übergeordnete Sichtweise, bei der die Betroffenen aus mehr Distanz auf die Sache schauen.
Neuronales Netzwerk	Nervenzellen, die miteinander verbunden sind.
Reinszenieren	Ein bekanntes Muster (unbewusst und ungewollt) ständig zu wiederholen.
Repräsentant	Eine Person in einer Aufstellung, die sich außerhalb des Systems des Ratsuchenden befindet. Der Ratsuchende sucht sich bei einer Aufstellung für seine im System befindlichen Personen Repräsentanten aus, die die Position der jeweiligen Person einnehmen und ihre Wahrnehmungen an den Ratsuchenden zurückmelden.
Ressource	Materielles oder immaterielles Gut, mit dessen Hilfe Menschen ihren Alltag bewältigen.
Supervision	Eine Draufsicht auf sich selbst oder auf einen Fall mit einer dazu ausgebildeten Person (Supervisor), die sich außerhalb des zu betrachtenden Systems (Seelsorger oder Fall) befindet.

Systemisch	Der systemische Denkansatz ist ein wissenschaftliches Programm, das verschiedene Ansätze miteinander verbindet. Systemisch Denkende betrachten die Vernetzungen zwischen Mitgliedern eines Systems und deren Wechselwirkungen untereinander.
Tiefenpsychologisches Verfahren	Mithilfe tiefenpsychologischer Verfahren werden Erklärungen für menschliches Verhalten vor allem im Unbewussten des Menschen gesucht.
Trance	In der Hypnotherapie versteht man Trance als eine starke Fokussierung auf einen oder sehr wenige Inhalte in einem entspannten Wachzustand.
Trauma	Ein seelisches Trauma wird durch extremen Stress erzeugt, sodass sich die Person als hilflos erlebt oder zutiefst entsetzt und verzweifelt ist. Das Gehirn leitet eine Notfallreaktion ein, bei der das Erleben dissoziiert wird.
Triade	„Dreiheit“: In der systemischen Familientherapie z. B. Vater – Mutter – Kind. Der systemische Ansatz arbeitet häufig mit Triaden.
Trigger	Auslöser.

Zirkuläre Fragestellung	Auch triadische Fragestellung genannt, die die Wechselwirkungen unter verschiedenen Mitgliedern eines Systems aufzeigten und Hypothesen der Mitglieder zu einem Problem verdeutlichten.

Ein weiterer Buchtipp

Dr. Dietmar Pfennighaus
Neue Horizonte
Beziehungen stärken durch Systemische Seelsorge
ISBN 978-3-86827-240-6
156 Seiten, Paperback

Was für ein Gewinn wäre es,
• noch dankbarer und gelassener durch den Tag zu gehen, weil wir die Bedeutung und Kostbarkeit unserer Beziehungen mehr schätzen lernen.
• unser Potential stärker auszuschöpfen und nach bislang ungenutzten Ressourcen Ausschau zu halten.
• uns der Bewältigung unserer Probleme zu nähern, da wir uns auf die Lösungen statt auf die Schwierigkeiten konzentrieren.
• der Zerrissenheit und den Minderwertigkeitsgefühlen eine ganzheitlich ausgewogene Betrachtung unseres Seins und unserer Begegnungen entgegenzusetzen.
• uns durch einen Perspektivenwechsel neue Möglichkeiten im Denken, Fühlen und Handeln zu erschließen.

Systemisches Denken eröffnet diese Möglichkeiten und verloren geglaubte Liebe wird durch eine Neubewertung von Erfahrungen spürbar. In 20 Kapiteln geht der Verfasser jeweils von einer Grundaussage der Systemischen Beratung aus. Da diese Grundaussagen letztlich Ideen des Schöpfergottes widerspiegeln, eignet sich das Wort Gottes gut als Fundament für systemisches Gedankengut. Beispiele aus der Praxis Systemischer Seelsorge und leicht umsetzbare Übungen ermutigen den Leser, den Weg zu heilsamen Lösungen zu ebnen.

Dieses Buch wendet sich an alle, die ihre Beziehung zu Gott, dem Nächsten und sich selbst beleben und sich einen Überblick über die Möglichkeiten Systemischer Seelsorge verschaffen wollen. Auch für diejenigen, die in der Seelsorge tätig sind, öffnen sich Türen zu neuen Horizonten.